W0309880

LE CHÂTEAU DE LA CHIMÈRE

DU MÊME AUTEUR

Grand Prix de la Société des gens de lettres
et prix Alexandre-Dumas
pour l'ensemble de son œuvre

Paradis entre quatre murs, Laffont.
Le Bal des ribauds, Laffont ; France-Loisirs.
Les Lions d'Aquitaine, Laffont, prix Limousin-Périgord.
Divine Cléopâtre, Laffont, collection « Couleurs du temps passé ».
Dieu m'attend à Médina, Laffont, collection « Couleurs du temps passé ».
L'Aigle des deux royaumes, Laffont, collection « Couleurs du temps passé », et Lucien Souny, Limoges.
Les Dieux de plume, Presses de la Cité, prix des Vikings.
Les Cendrillons de Monaco, Laffont, collection « L'Amour et la Couronne ».
La Caverne magique (La Fille des grandes plaines), Laffont, prix de l'Académie du Périgord ; France-Loisirs.
Le Retable, Laffont et Lucien Souny, Limoges.
Le Chevalier de Paradis, Casterman, collection « Palme d'or » ; Lucien Souny, Limoges.
L'Œil arraché, Laffont.
Le Limousin, Solar ; Solarama.
L'Auberge de la mort, Pygmalion.
L'Auberge rouge, réédition en 2001, Pygmalion.
La Passion cathare :
1. *Les Fils de l'orgueil*, Laffont.
2. *Les Citadelles ardentes*, Laffont.

La Lumière et la Boue :
1. *Quand surgira l'étoile Absinthe*, Laffont ; Livre de Poche.
2. *Les Roses de fer*, Laffont, prix de la Ville de Bordeaux ; Livre de Poche.

L'Orange de Noël, Laffont, prix du Salon du Livre de Beauchamp ; Livre de Poche, France-Loisirs et Presses Pocket.
Le Printemps des pierres, Laffont ; Livre de Poche.
Les Empires de cendre :
1. *Les Portes de Gergovie*, Laffont ; Presses Pocket et France-Loisirs.
2. *La Chair et le Bronze*, Laffont.
3. *La Porte noire*, Laffont.

La Division maudite, Laffont.
La Passion Béatrice, Laffont ; France-Loisirs et Presses Pocket.

(Voir suite en fin de volume.)

MICHEL PEYRAMAURE

LE CHÂTEAU DE LA CHIMÈRE

Le dernier amour de George Sand

Roman

LA TABLE RONDE
7, rue Corneille, Paris 6e

© Éditions de La Table Ronde, Paris, 2004.
ISBN 2-7103-2649-3

Sommaire

1

La Marie-aux-Poules

Récit de Marie Caillaux

En quittant les lieux où j'ai passé mon enfance, le plus difficile n'a pas été de laisser derrière moi des habitudes, des affections, des souvenirs d'enfance et de jeunesse, mais l'affrontement avec le vide et l'inconnu auxquels j'étais soudain confrontée, sans avoir rien où me raccrocher, une mer où j'allais devoir naviguer à l'estime, sans boussole.

Le moment venu de franchir le pas, je suis passée, durant des heures interminables, par une alternance de curiosité et d'angoisse, ignorante que j'étais des lieux où j'allais devoir vivre, peut-être toute ma vie durant. Assise sur le seuil, au milieu des poules et des canards, mon baluchon à mes pieds, j'attendais le roulement de la voiture et le cliquetis de l'attelage qui annonceraient la messagère venue m'enlever à cette ferme des parages de Montgivray, en Berry, creuset de ma vie, et aux collines qui ont été mon seul horizon durant quinze ans.

Dans les jours qui ont précédé cet événement, je n'avais pas la tête à mon travail que j'accomplissais à l'étourdie, au point de me faire rabrouer par ma mère et d'essuyer des larmes avec un pan de mon tablier. Je peinais à trouver mon sommeil et, lorsque je parvenais à m'endormir, c'était pour être jetée dans une grande confusion de cauchemars qui me ballottaient comme une épave. Lorsque, accompagnée de mon chien, je m'avançais par le sentier menant au village, jusqu'à l'étang qui borne notre bien, c'était comme si un monde mystérieux, sans attache avec le nôtre, s'ouvrait à moi. Je fermais les yeux et rebroussais chemin.

Peu encline à l'expression des sentiments, cette rude femme qu'était ma mère m'a fait asseoir près d'elle, à l'ombre du laurier, sur le talus d'herbe proche du couderc où notre porc voisine avec la volaille. Elle m'a dit, en évitant de me regarder :

– Ma petite, la cousine Noémie m'a fait prévenir qu'elle passerait te prendre demain. Faudra te préparer. Tu feras ta toilette comme pour un dimanche, et tu t'habilleras comme pour aller à la messe ou à la foire. Que tes socques soient bien propres. Tu emporteras juste de quoi te changer. Si tu as besoin d'autre chose, Nohant n'est pas loin…

J'ai gardé dans l'oreille le son de sa voix lente et grave, qui ne sonnait pas comme à l'ordinaire et peinait sur les mots, avec des silences.

Elle a ajouté :

– Tu as bien compris, Marie ? Faut que tu partes. Ça me fait de la peine, mais c'est comme ça. Tu viens d'avoir quinze ans. Presque une femme à présent. Moi, à ton âge, on parlait de me marier, mais on a attendu que j'en aie seize. Si ton père était encore de ce monde, il t'expliquerait mieux que moi.

Je me suis sentie parcourue de frissons en songeant que cette journée que je venais de vivre à Montgivray était la dernière. En revanche, si je n'éprouvais pas la moindre émotion à l'idée de me séparer des miens, je ressentais plus intensément le sentiment de terreur qui, depuis l'annonce de mon départ, une semaine plus tôt, me harcelait, à la pensée de basculer dans un autre monde.

J'allais « partir servante » à Nohant, comme on dit. Servante au château, dans une famille dont ma mère m'avait dit le nom, que j'avais oublié. Chez une baronne qui écrivait des livres…

L'idée que notre cousine Noémie allait m'emporter pour ce voyage d'une heure, en voiture, n'était pas pour me rassurer. Je n'avais eu que de rares occasions de la rencontrer, à des fêtes ou à des réunions de famille, à Montgivray ou à Saint-Chartier. Bien que demoiselle, jeune encore mais un visage ingrat, elle avait l'allure d'une bigote qu'elle n'était pas. Toujours vêtue de noir, austère comme une croix de calvaire, elle avait, avec les enfants que nous étions, des élans de générosité : elle arrivait à la ferme avec, dans son réticule de velours violet, des friandises qu'elle distribuait à mes frères et sœurs, en me réservant les meilleures. Sans qu'elle s'en ouvrît à moi, j'étais sa favorite.

Une scène qui s'était déroulée cette même année sur la place de Montgivray, près du château, à la suite de la fête du village, me revient en mémoire. Noémie avait lancé à ma mère :

– Qu'est-ce que j'apprends ? Tu comptes confier Marie à l'aubergiste du *Bœuf couronné*, à Saint-Chartier ? Tu devrais savoir que c'est un mauvais lieu et qu'elle n'y serait pas à sa place. Quoi qu'il en soit, je m'y oppose !

– Elle a fait sa communion, et…

– Ça ne change rien ! Tu aurais pu m'en parler, il me semble ? Je vais arranger ça. Il me vient une autre idée…

Noémie Robin exerçait sur notre famille une sorte de tutelle tacite, du fait qu'elle se distinguait du commun et qu'elle occupait une position à laquelle aucun de nous n'aurait pu prétendre. C'était une dame. Elle avait été placée dans un pensionnat, savait lire et écrire – compter surtout – et tenait ferme, au château de Nohant, les rênes de la maison. En principe, aucune décision de quelque importance ne se prenait chez nous sans qu'elle fût consultée et que l'on tînt compte de son avis. Ma mère avait failli à cette règle.

Peu de temps après cet entretien j'ai appris le sort qui m'était destiné et les fonctions qui me seraient dévolues : servante au château. Le mot « servante » me laissait indifférente ; ce ne pouvait être pire que ce que j'avais connu à ce jour. En revanche, le mot « château » m'effrayait, peut-être parce que, de mon lit, je pouvais apercevoir la silhouette de celui de Montgivray, où l'on disait que vivait un monde différent du nôtre et où, dans les temps passés, s'étaient déroulées des affaires mystérieuses.

Lorsque la cousine Noémie était venue annoncer à ma mère qu'elle avait décidé de m'employer au service du château, on m'avait envoyée garder les chèvres, comme si l'on pouvait décider de mon avenir sans daigner me consulter. C'est par une de mes sœurs, dans l'heure qui suivit, que j'appris que j'avais été l'objet de cet entretien, dont le bruit lui était venu à travers la porte. J'en avais été éberluée. Qu'une créature aussi chétive que moi puisse faire l'objet d'un conseil de famille, aussi restreint fût-il, me donnait soudain une certaine importance mais dépassait mon entendement.

Ce n'est pas à ma mère que j'ai dû la révélation du résultat de ce colloque secret, mais au *deus ex machina* de mon destin.

La cousine Noémie, assise sur un banc de la cheminée, m'a fait appeler, et, m'attirant contre elle, m'a dit d'un air serein, comme pour m'inviter à une fête de village :

– Marie, moi et ta mère avons pris une décision. Écoute au lieu de regarder voler les mouches ! C'est de toi qu'il s'agit. Tu vas quitter Montgivray et me suivre.

– Vous suivre ? Où ?

– Au château de Nohant, chez madame George. C'est une bonne maison, et tu n'auras pas à regretter d'être entrée. Je ne te voyais pas à l'auberge de Saint-Chartier, au milieu de tous ces ivrognes. Naïve comme un agneau pascal comme tu l'es, qui sait ce qui te serait arrivé ? Tu es la moins sotte de la maison, et la moins laide. Tu méritais mieux que de servir le vin au *Bœuf couronné* ou de rester à la ferme à curer l'étable et à « donner » aux cochons. Tu comprends ce que je te dis ?

– Oui, mais ma mère ?

– Elle est d'accord. À ce que m'a dit le curé de

Montgivray, tu apprends bien ton catéchisme. Tu as même eu la croix d'honneur. Tes prières... tu les connais sur le bout des doigts, à ce qu'il m'a dit. Dis-moi le *Pater noster.*

– *«Notre Père qui êtes aux cieux, que votre nom soit sanctifié...»*

– Bien, bien... L'ennui, c'est que ce brave homme ne t'a pas appris à lire et à écrire. J'y veillerai. Tu es intelligente. Tu apprendras vite.

Je ne m'en étais jamais crue capable, mais le livre dans lequel le curé puisait son savoir et qu'il appelait les *Écritures* me fascinait. J'y voyais une sorte de sésame ouvrant sur la connaissance et sur un monde dont je me sentais exclue à jamais.

Un jour, profitant d'un moment d'inattention de sa part, j'avais ouvert le livre, comme on vole un fruit pour la soif. Les images naïves qui l'illustraient n'avaient guère de quoi satisfaire ma curiosité : un bonhomme barbu assis sur un nuage... Adam et Ève chassés du paradis terrestre... Saint Michel terrassant le dragon... Ce qui suscitait mon intérêt, c'étaient les signes cabalistiques qui couvraient les pages et semblaient receler un mystère insondable. Je me disais que le curé, sous ses allures frustes, malgré sa soutane effrangée, ses sabots boueux et ses mains de paysan, devait être bien savant pour décrypter ce mystère : la «parole divine». Il devait y avoir là-dessous, me disais-je, un relent de sorcellerie.

Il m'avait arraché le livre des mains et m'avait dit, de l'air courroucé qu'il prenait pour nous réprimander :

– Ce livre t'intrigue, Marie ! Tu voudrais bien savoir ce qu'il raconte, hein ? Pour ça, il faudrait que tu apprennes à lire, mais à quoi ça te servirait ? Dans ta famille, à part Noémie Robin, ta cousine, on s'en est bien passé, et on ne s'en porte pas plus mal. Tu es trop curieuse. Pour ta peine, tu vas me réciter trois fois le salut à la Vierge.

À quelques jours de là, il m'avait dit d'un air suave :

– J'ai bien réfléchi. Si tu tiens à posséder un livre, c'est que Notre Seigneur y est pour quelque chose. Alors, je vais te faire un cadeau.

Il ouvrit le placard qui abritait ses attributs sacerdotaux et me tendit un vieux missel pas plus large que ma main, à couverture croûteuse et racornie, ornée d'une croix marouflée, en me disant :

– Tiens, prends. Ce livre a appartenu à l'une de mes paroissiennes qui vient de mourir et qui l'a oublié sur sa chaise. Fais-en le meilleur usage si un jour tu apprends à lire, mais ne cherche pas à discuter les saints mystères de la religion. Il faut croire tout ce qui est écrit là, sinon tu risques la damnation éternelle. Tu me le promets ?

Pauvre innocente que j'étais, je le lui avais promis.

Le jour prévu pour mon départ, j'attendais, assise sur le seuil avec mon baluchon, dans la chaleur moite de ce début de printemps, tandis que ma mère s'affairait dans la cuisine, avec ces bruits familiers et ses imprécations pour chasser les poules, qui ne seraient bientôt plus qu'un souvenir.

Mon cœur se serra quand j'entendis les grelots du tilbury, la voix de Noémie pour arrêter l'élan de sa jument, et que je la vis entrer dans la cour, s'avancer vers moi dans sa robe noire, les épaules couvertes d'une pèlerine, et rester un instant à juger de ma tenue. Je m'attendais à ce qu'elle m'examinât comme un veau sur le foirail, pour voir si je n'avais pas de dents gâtées, de séquelles du muguet dont j'avais été affectée, râtelant mes cheveux d'une main ferme pour y déceler la présence de poux, testant mes facultés intellectuelles par quelques questions perfides...

Elle me dit simplement :

– Tu es prête ? C'est bien. Pour la tenue, ça ira. Nous allons partir tout de suite. J'ai du travail au château.

La séparation se fit sans cérémonie ni larmes, devant ma mère, mes sœurs et mes frères. Après tout, je ne partais pas pour ne plus revenir et Nohant n'était qu'à quelques kilomètres de Montgivray.

– Je te confie notre petite Marie, dit ma mère. Je sais que tu veilleras sur elle comme si c'était ta propre fille. Tu verras, elle te donnera satisfaction. C'est une bonne petite, obéissante et pas sotte. Elle se plaît à la cuisine mais elle pourra être utile au poulailler. Elle aime la volaille. Elle pourra même travailler au jardin...

Elle m'embrassa sur une joue, rectifia l'équilibre de ma coiffe à barbes des dimanches et me tapota la joue.

– Pars, Marie, mais reviens de temps en temps, quand tu pourras. Cette maison est la tienne, j'ai pas besoin de te le dire.

Je montai dans le tilbury, près de Noémie, et pris, sans un regard en arrière, la route de Nohant, par un temps d'avril qui semblait faire chanter à l'unisson le ciel et la terre. Noémie était peu loquace, mais elle m'apprit, en quelques phrases brèves et sèches, l'essentiel de mes nouvelles fonctions. Si je me révélais soumise et travailleuse, je n'aurais pas à me plaindre de ma condition. Je n'aurais trouvé nulle part dans la région une place aussi bien rémunérée et une patronne aussi peu autoritaire. Je n'aurais pas à craindre la convoitise des hommes, car elle m'aurait à l'œil.

Elle n'avait ni l'accent ni le vocabulaire des gens du Boischaut, car elle avait quitté toute jeune sa famille. Elle parlait un peu *chien-frais*, comme on dit dans notre jargon, pour dire qu'elle s'exprimait comme les bourgeois de La Châtre et les châtelains de Montgivray.

Le trajet a la dimension d'une promenade dominicale. Nous suivîmes sur un kilomètre le cours de l'Indre où j'allais de temps à autre me baigner avec mes frères et mes sœurs, avant d'emprunter un chemin à travers les brandes d'où montaient les odeurs d'un printemps mouillé avec des concerts de grenouilles.

Mes appréhensions se dissipaient à chaque tournant de la route. Noémie ne m'encourageait guère à la confidence, mais j'avais en moi une telle réserve de curiosité qu'elle aurait pu, sans que j'en prenne ombrage, me lier pieds et poings. Nous traversions des paysages familiers mais qu'il me semblait découvrir à chaque tour de roue.

Comme nous abordions un chemin bordé de peupliers longeant un marécage où gloussaient des poules d'eau, Noémie me montra l'horizon avec son fouet.

– Ce clocher, au-dessus des tilleuls, c'est celui de Nohant. Le château est en face.

Elle ajouta en souriant :

– Comme tu le vois, ce voyage n'a pas été long…

À dire vrai, le petit village de Nohant ne m'était pas inconnu. Jadis, mon père nous y avait conduits, mes frères et moi, en char à bancs, pour livrer du bois au château, mais j'étais trop jeune pour qu'il m'en soit resté des souvenirs précis.

Le «château» de Mme la baronne Aurore Dudevant, que les gens appelaient madame George, n'avait rien de l'allure féodale de celui de Sarzay, planté sur une colline proche de quelques kilomètres, et qui consomme ses souvenirs d'histoire dans une ruine inéluctable. Celui de Nohant n'est autre, en apparence, qu'une maison de riche notaire, aux lignes sévères, en marge d'un parc vaste et profond, dont les frondaisons émergent de la toiture d'ardoise. Le porche d'entrée, assez large pour y livrer passage à une diligence, ouvre sur une cour sablée, exempte de la moindre végétation sauvage, plantée en son milieu d'un tilleul et bordée de haies rectilignes.

Noémie m'aida à descendre et me dit:

– Tu vas laisser ton baluchon sur le seuil. Je vais te présenter à madame.

Par la grande porte coiffée d'un oculus, elle me fit entrer dans le vaste vestibule dallé de carreaux blancs et noirs, d'où part une double volée d'escaliers de pierre dignes d'une demeure seigneuriale. Alors que je prenais soin de me déchausser, elle sourit et me dit :

– Tu peux garder tes socques. Ici, on ne fait pas de chichis. Nous ne sommes pas à Versailles. Suis-moi...

Le parc baignait dans le tiède soleil de la matinée, planté de grands arbres, de boqueteaux, de massifs de roses au milieu des pelouses fraîchement tondues d'où montait une odeur amère. Il ouvrait par des allées dans une épaisseur de verdures ténébreuses où, semblait-il, le soleil ne pénétrait jamais. Par des trouées se dessinait au loin une image de paysages bouquetés de peupliers qui s'étiraient vers des collines teintées de bleu.

Noémie me fit traverser la maison et me demanda de l'attendre sur le seuil du perron, à quelques pas d'un bassin où se reflétaient les basses branches de deux cyprès. Elle s'avança vers une servante vêtue en jardinier, dont la chevelure se déployait largement sous un chapeau de paille, et qui, se redressant avec peine, les mains à ses reins, m'observa comme si je venais de tomber d'une autre planète.

Noémie me dit en revenant vers moi :

– Madame va te recevoir. Le temps de planter ces pétunias.

– Je la vois pas.

– Madame, c'est elle. Ça te surprend, hein ? Il faudra t'y faire. Tu comptais peut-être qu'elle allait venir à ta rencontre en robe à crinoline, accompagnée de ses laquais ? Elle vit le plus modestement du monde, comme tu vois. En revanche, il faudra lui faire la révérence.

– C’est quoi, la révérence ?

– Tu te contenteras de plier le genou et de dire : « Madame… », assez fort pour qu’elle t’entende. Elle s’en moque, mais moi j’y tiens. C’est l’usage. Tu as bien compris ?

Quand elle eut fini de planter ses pétunias, Mme George Sand, baronne Dudevant, ci-devant Dupin de Francueil, s’avança vers nous en s’épongeant le front avec son mouchoir, l’air maussade, comme si notre présence la dérangeait, mais un sourire s’esquissa sur ses lèvres lorsque je lui eus fait ma révérence et lui eus lancé un « Madame » d’une voix un peu forcée.

Elle me dit d’un air indifférent, en essuyant ses mains à son mouchoir :

– Ainsi, tu es Marie Caillaux ? Bienvenue à la brigade ! Qu’est-ce que tu sais faire ?

Noémie répondit à ma place pour lui vanter mes qualités. Je pourrais m’occuper du poulailler mais aussi aider à la cuisine et remplacer l’aide qui venait de se marier à La Châtre. J’avais des dons pour cette dernière activité.

– Nous verrons bien, soupira madame. Je vous fais confiance. Et pour les gages ?

– La famille est d’accord : trente francs, le congé du dimanche et des jours de fête, sauf si ça gêne le service.

– Il semble que vous ayez fait un bon choix. Cette fille est assez jolie et n’a pas l’air sotte.

– Elle ne l’est pas, madame, j’en réponds.

– Bien, bien… Vous allez lui montrer son lit et lui donner des vêtements convenables. Ces guenilles feraient mauvais effet auprès des invités de ce soir. Laissez-la se reposer et reprendre ses esprits. Elle a l'air de descendre de la lune ! Qu'elle se promène ! Ça lui donnera des idées sur sa nouvelle demeure. Demain, nous aviserons. Pour ce soir, faites-lui égorger une belle volaille et éplucher les patates.

Une fenêtre s'ouvrit à l'étage, tandis que madame retournait à ses pétunias. Un homme aux fortes moustaches rousses à l'accent rugueux s'écria :

– George, ma chérie, vous oubliez notre partie de dominos ! Je vous attends...

– Un peu de patience, Hermann ! répondit la baronne. Je n'en ai que pour quelques minutes.

Ainsi, me disais-je en suivant Noémie, ma main dans la sienne, cette femme a deux prénoms : Aurore et George. Pourquoi ce nom masculin ? Et pourquoi le ton comminatoire de ce moustachu ? Et pourquoi ceci ? Et pourquoi cela ? Décidément, tout semblait aller de travers dans ce « château » qui n'avait même pas, comme celui de Montgivray, une tour ou une simple échauguette qui lui valût ce titre.

Noémie me guida vers le lieu de ma couchée : un bâtiment annexe, sur l'aile gauche de la cour. Elle m'indiqua la paillasse encadrée de planches de bois brut qui ne me changerait pas de celle où je dormais, sous le chaume de Montgivray. En même temps que de ce grabat, j'héritais du coffre vétuste et démantibulé ayant appartenu à la servante qui avait déserté son service pour se marier.

Je m'apprêtais à y ranger mes nippes, mais Noémie me précéda, l'air suspicieux, comme si elle s'attendait à y trouver une arme. Lorsqu'elle découvrit mon livre, elle le brandit en s'écriant :

– Qu'est-ce que c'est que ça ?

Rouge d'émotion, comme prise en faute, je bredouillai :

– C'est un missel…

Elle éclata de rire.

– Un missel : je vois bien que c'est un missel ! Où l'as-tu pris ? Volé peut-être ?

– C'est notre curé qui me l'a donné.

– Et que comptes-tu en faire ? Le lire, peut-être ?

– Quand je saurai mon alphabet, oui.

– Eh bien, ça risque d'attendre longtemps. Il n'y a pas d'école à Nohant, et moi je n'ai pas le temps de te donner des leçons. Il faut que je montre « ça » à madame. Ça va l'amuser !

Elle ajouta en me secouant l'épaule :

– Eh ! ne fais pas cette tête. Je te le rendrai, ton missel !

Je me hasardai à lui poser la question qui m'obsédait depuis un moment :

– Madame la baronne… Je croyais qu'elle s'appelait Aurore de son prénom. Pourquoi le monsieur de tout à l'heure l'a appelée George ?

Je n'étais guère plus avancée lorsque Noémie m'eut expliqué qu'il s'agissait de son « nom d'écrivain », qu'elle signait ses livres George Sand, que son véritable nom était Aurore Dupin de Francueil, ce que je savais, et qu'après son mariage elle avait pris normalement le nom de son mari, Casimir Dudevant. Depuis qu'elle vivait séparée de lui, tout le monde l'appelait madame George Sand.

Elle avait débité cette litanie sans se soucier de savoir si j'y comprenais quelque chose.

– Et ce monsieur Hermann... C'est son nouveau mari?

– C'est... heuh... un ami de son fils, monsieur Maurice. Un exilé allemand venu en vacances. Il s'appelle Hermann Müller-Strübing. Et puis, zut! Ne m'en demande pas davantage. Tu es trop curieuse, à la fin! Finis de ranger tes affaires et va te promener. Je te retrouverai aux cuisines en fin d'après-midi. Tu aideras à la préparation du souper. Évite de monter à l'étage sans qu'on te le demande. Domaine privé...

Elle ajouta:

– Si tu as des questions à poser, c'est à moi que tu devras en faire part. Pas à madame: elle t'enverrait paître. Si tu as faim ou soif, tu vas à la cuisine et tu demandes à Lucie: c'est la cuisinière en chef.

Je n'avais ni faim ni soif, obsédée que j'étais par une impression singulière: celle d'être une orpheline jetée dans un milieu étranger, sinon hostile, du moins indifférent à ma présence.

Assise au bord de mon grabat, mes bras entourant mes genoux, je contemplais, par la porte entrebâillée, la cour inondée de soleil. Un vieux jardinier, la pipe au bec, la traversa lentement, sa bêche à l'épaule. Un groupe de jeunes messieurs de la ville descendit d'une voiture à deux chevaux, en lançant des rires et des éclats de voix. De l'autre côté de la cour, une gamine courait après une poule affolée. Une fenêtre s'ouvrit au rez-de-chaussée sur une servante qui chantonnait en secouant un torchon. Des merles et des mésanges se chamaillèrent dans le tilleul. Le clocher de l'église sonna quatre heures.

Je n'ai pas gardé dans mon souvenir ce que je fis, entre le moment où Noémie m'a quittée et celui où je revins, à la nuit tombée, en compagnie de deux autres servantes, retrouver mon grabat. Il s'est passé, depuis cette première journée, tant d'années et tant d'événements que nombre de détails m'échappent, malgré l'excellente mémoire que j'ai conservée, en dépit de mon âge avancé. Je crois bien avoir aidé à égorger la poule choisie par la cuisinière, ce que je faisais couramment à la ferme. Pour le reste, c'est le néant, ou presque, mais cela importe peu. Je me souviens de même – et comment aurais-je pu l'oublier ? – de cette musique de piano, bouleversante, qui tombait de l'étage par les fenêtres ouvertes sur la fraîcheur de cette soirée de printemps, ces rires d'hommes et de femmes, ces cris d'enfants dans les profondeurs du parc.

J'avais assisté au souper en me cachant derrière un meuble. Ces joyeuses agapes réunissaient, je l'appris plus tard, quelques proscrits, pour la plupart des étrangers qui avaient échappé aux persécutions dans leur pays, et des Français. Comme madame elle-même, ils avaient fui Paris, la révolution de quarante-huit qui avait jeté le peuple aux barricades, et la répression qui avait suivi. Ils ne paraissaient pas affectés outre mesure par leur exil : ils mangeaient d'un excellent appétit, buvaient sec et ne perdaient aucune occasion de chanter.

À trois jours de là, alors que j'étais occupée, dans un coin de la cuisine, à éplucher des légumes, madame surgit, mon missel à la main. Elle me dit avec une pointe d'ironie dans la voix :

– Je te rends ce précieux livre. Que comptes-tu en faire ? L'emporter à la messe ? Le lire ?

– Non, madame, je sais pas lire. C'est monsieur le curé de Montgivray qui…

Elle me coupa sèchement la parole.

– Je sais ! Il aurait pu te faire un autre cadeau. Enfin… Tiens, reprends ton missel, mais ne le laisse pas traîner partout.

Avant de se retirer, du seuil de la porte, elle me lança :

– Aimerais-tu apprendre à lire et à écrire ?

– Oh, oui, madame !

– Noémie était aussi ignorante que toi lorsqu'elle est arrivée ici, il y a longtemps. C'est moi qui lui ai appris ce qu'elle sait. Je pourrais faire de même pour toi, si vraiment tu y tiens. Eh bien, réponds !

Confuse et ravie à la fois d'être devenue un objet d'intérêt, aussi modeste soit-il, j'opinai d'un hochement de tête. Madame ajouta qu'elle donnerait les consignes nécessaires pour mes leçons. Elle ne supportait pas de sentir autour d'elle des gens ignorant l'écriture. Ces leçons me seraient, me dit-elle, « aussi nécessaires que des séances d'épouillage ».

En cette année 1850, trois personnages se partageaient l'existence de madame.

Proche de la trentaine, monsieur Maurice, son fils, occupait dans la vie de sa mère une place prééminente et inamovible. Sa sœur, madame Solange, épouse du sculpteur parisien Auguste Clesinger, un demi-fou dangereux, ne faisait à Nohant que de brèves apparitions, en fonction de ses besoins. J'avais décelé d'emblée un nœud d'embrouilles tel que mieux valait en demeurer spectateur.

Un troisième élément s'était inséré dans ce trio : Alexandre Manceau. Il avait environ vingt-cinq ans lorsque, l'année qui avait précédé ma venue au château, il était entré au service de madame comme secrétaire et factotum sans gages. De son état : artiste graveur, dont la notoriété commençait à percer. Dans le service, on parlait de lui comme d'une de ces comètes qui traversent le ciel de Nohant avant de sombrer dans l'oubli. Il en avait été ainsi de l'homme aux grosses moustaches rousses, Hermann, qui n'avait mis que quelques mois, après la mort du pianiste Frédéric Chopin, pour traverser la vie sentimentale de ma maîtresse.

En apparence, une bonne harmonie régnait dans cette petite communauté.

Monsieur Maurice occupait une partie de son temps dans les combles à installer son atelier d'artiste, à l'image de celui du peintre Eugène Delacroix, son conseiller et son ami, qui avait fait de fréquents séjours en Berry. En dehors des repas et des jeux dans le parc, on le voyait peu. Je le surprenais parfois à dessiner, à peindre, à tailler de curieuses figurines dans du bois de tilleul ou à écrire des comédies pour son petit théâtre de marionnettes. Il était beau, le visage un peu long, comme celui de sa mère, de petites moustaches blondes, un regard qui se perdait souvent dans le vague, notamment au cours des repas, où j'avais loisir de l'observer.

On chuchotait dans son entourage qu'il s'intéressait à tout et ne réussissait rien. Il est vrai qu'à cette époque il commençait à ressentir ses premiers émois pour une cantatrice célèbre, Pauline Viardot, amie de la famille, qui ne faisait attention à lui que pour le taquiner.

La comète Hermann Müller-Strübing perdait de jour en jour de son éclat, au point qu'on sentait sa fin prochaine. Cela se devinait à l'attitude de sa maîtresse : une condescendance narquoise, de l'indifférence à ses facéties et à ses propos. Madame, qui prétendait ne jamais s'ennuyer, même dans ses pires moments de solitude, bâillait devant ce bellâtre germanique, à la voix tonitruante et au rire gras. Une servante me révéla que, dans l'intimité, cet ours des Carpathes se montrait délicat et attentionné, qu'il entretenait sa maîtresse de ses lubies : la musique (allemande, naturellement) et des auteurs de l'Antiquité grecque, qu'il prétendait lire dans le texte.

Mon travail quotidien étant loin d'être une sinécure, je ne m'intéressais que fort peu à ce petit théâtre de comédie, dont je ne percevais que des échos confus qui me laissaient, sinon indifférente, du moins distante.

Madame avait délégué à monsieur Alexandre le soin de m'enseigner, à raison de trois leçons par semaine. J'y trouvais à la fois un dérivatif à mes tâches contraignantes et des moments de bonheur.

Monsieur Maurice avait rencontré cet artiste à Paris, dans un café, à l'issue d'un spectacle. Ils se donnaient rendez-vous dans l'atelier de gravure d'Alexandre Manceau, au 3 de la rue Racine, et, très vite, s'étaient trouvé des goûts communs qui les avaient liés d'une solide amitié. Fils d'un grenadier de l'Armée impériale devenu gardien des jardins du Luxembourg, Alexandre s'était pris de passion pour les romans de George Sand. Maurice lui avait montré un portrait de sa mère, en lui disant :

– Il me plairait que tu la voies et que tu graves le portrait qu'a fait d'elle un Prix de Rome, Thomas Couture.

– Ce serait beaucoup d'honneur, mais...

Il n'y avait pas de « mais » ! Alexandre accepta de se rendre à Nohant et d'y séjourner le temps de réaliser son œuvre. Il allait y passer le restant de ses jours.

Monsieur Alexandre avait commencé à travailler sur le portrait de Couture, quand madame lui dit :

– Il semble que vous vous plaisiez parmi nous, mon ami. Pourquoi ne pas vous installer dans l'atelier de mon fils ? Il est assez vaste pour vous deux. Vous serez plus à l'aise qu'à Paris.

« Vous serez... » Madame passait facilement du conditionnel au futur. Alexandre accepta, non sans quelque réticence : une telle invitation, venant de la femme de lettres la plus célèbre de son temps, le flattait mais l'indisposait. Refuser eût été inconvenant. Il accepta et ne revint à Paris que pour déménager son atelier.

Il me raconta plus tard que ce n'avait pas été une petite affaire. Il était retourné à Nohant, radieux et chargé de bagages comme un prince polonais. S'il avait pu, à ce qu'il me dit, supposer à quoi l'exposait cette décision, il y eût réfléchi à deux fois. Cet artiste, jeune mais déjà connu, sinon célèbre, recherché par les éditeurs d'ouvrages d'art et les directeurs de revues illustrées, allait devenir, en raison de ses talents multiples, le maître Jacques du château et le favori de la baronne. La fascination qu'il avait éprouvée pour elle n'allait pas tarder à se muer en dévotion. C'était un esclave heureux.

Monsieur Alexandre se montrait à mon égard d'une patience angélique. Il est vrai que j'apportais à l'apprentissage de la lecture et de l'écriture une assiduité et une application qui n'avaient d'égale que ma volonté. Je pénétrais dans les mystères de l'alphabet comme dans un jardin secret et donnais de mon propre chef à mon alphabet des noms de fleurs, de plantes ou d'arbres : A comme aubépine… B comme bruyère… C comme châtaignes… Avec des blancs pour des lettres moins usuelles, comme le K, le Q ou les dernières lettres de l'alphabet. J'en faisais des bouquets, je leur faisais exprimer des images. Monsieur Alexandre en restait stupéfait :

– Ma parole ! Tu viens d'inventer une nouvelle méthode d'alphabet. Il faut que j'en parle à madame.

Elle vint constater le prodige, apprécier mes progrès et se montra satisfaite de ces derniers.

– Marie, tu peux dire que tu trompes ton monde ! Je te prenais pour une de ces petites cruches qui ne savent même pas compter sur leurs doigts… Si je te disais qu'il a fallu plusieurs mois à ta cousine Noémie pour apprendre ce que toi tu as appris en quinze jours ! J'en suis baba. Tu pourras, d'ici peu, commencer à lire ton missel, mais je te donnerai d'autres livres. Ils ne feront pas de toi une bigote mais t'apporteront la lumière.

Quand j'en fus au point de lire ou d'aligner des phrases, madame mit à ma disposition les petits livres que sa grand-mère lui avait offerts et qu'elle avait annotés de réflexions de son cru et de personnages aux formes géométriques et aux doigts écartés comme s'ils portaient des étoiles. Je n'avais pas encore assez de jugeote pour franchir le cap de ces enfantillages mais suffisamment pour estimer qu'il ne s'agissait que d'une étape sur la voie de la connaissance.

J'aimais que madame s'intéressât à moi, autant sinon plus que Noémie qui me laissait aller à vau-l'eau en ne me surveillant que d'un œil. J'ignore pourquoi, avant de la rencontrer, je l'avais imaginée plus grande qu'elle n'était en réalité. En fait, sa taille ne différait guère de la mienne et, de plus, elle était sinon boulotte, du moins un peu épaisse des hanches et de la croupe. J'aimais surtout son visage long, lisse, légèrement coloré, sans doute par le soleil, car elle passait beaucoup de temps au jardin, en promenades dans les environs, avec ou sans chapeau, en bains dans la rivière proche. Ses mains surtout me fascinaient, lorsqu'elle prenait mes feuillets ou tournait les pages d'un de mes livres. Elles semblaient, par leur petitesse, leur poli, la dimension des ongles, détachées du corps et menant une vie indépendante. Ces mains qui… J'en étais bouleversée.

J'avais appris de Noémie que madame travaillait surtout la nuit, à la chandelle ou à la lampe à piston. Parfois, je me levais en silence, alors que tout dormait autour de moi et, à travers l'ombre, allais me poster sous les grands cyprès pour regarder la lumière venant de sa fenêtre, la voir parfois se lever pour respirer l'air de la nuit ou écouter les rossignols.

Lorsqu'il était satisfait de mes progrès, monsieur Alexandre me jetait un baiser sur la joue et glissait une pièce dans la poche de mon tablier. Il lui arrivait de me rabrouer lorsqu'il constatait que je parvenais mal à maîtriser une écriture qui s'accordait des fantaisies contre lesquelles il se rebellait.

– C'est quoi, ces crochets, ces boucles, ces fanfreluches ? Tu veux jouer à l'artiste ? Contente-toi de veiller à mettre des points sur les « i », des barres aux « t » et des virgules. Tu oublies toujours les virgules !

L'écriture était ma partie faible. Entraînée par mon élan, j'allais, comme on dit, plus vite que la fanfare. Quant à l'orthographe, j'eus du mal à m'y faire, et cela le navrait. Je me rebellais contre les doubles consonnes qui, selon moi, ne servaient à rien.

– Ça n'est pas normal, monsieur.

– Si, ça l'est. Ne me demande pas pourquoi. C'est comme ça depuis toujours. Tu ne vas tout de même pas prétendre réformer l'orthographe ! Il faut observer les règles et faire travailler sa mémoire…

Sa lutte pour me faire renoncer aux expressions patoisantes fut héroïque et opiniâtre. Je disais « amijoler » pour cajoler, la « biaude » pour la blouse, « j'avons point » pour je n'avais pas. Je ne consentais qu'à contrecœur à ce sacrifice.

Comme j'avais la charge du poulailler, mon activité principale, on m'avait appelée la Marie-aux-Poules, un surnom qui ne m'affligeait nullement, exempt de mépris qu'il était. On m'en donna un autre, un peu plus tard. Le premier était réservé au personnel ; le second était à l'usage strict de monsieur Alexandre.

Un jour qu'il me donnait ma leçon dans le jardin, je quittai ma chaise, m'accroupis au bord d'une pelouse et pris entre mes mains un grillon que je lui tendis en disant :

– C'est un « grelet », monsieur. Nous en avions un dans notre cheminée, à Montgivray. Il chantait toute la nuit.

– Un « grelet »… dit-il. C'est amusant.

Il me dit qu'avec ma taille menue, mon teint un peu bistre, ma voix aigrelette, je lui rappelais cet insecte fouisseur. Il décida que je serais pour lui le « grelet ».

– Mon petit Grelet, reprenons la leçon aux adverbes…

Je me souviens de ma déception lorsque je m'engageai pour la première fois dans la lecture d'un livre. Ce fut naturellement mon missel. J'enfilais laborieusement des mots et des phrases en tâtonnant. À ces formules abstraites ne répondait qu'un ennui décourageant. J'appris ainsi des prières et des cantiques que le curé dédaignait de nous faire dire ou chanter, et n'y trouvais pas plus de saveur qu'à de l'eau.

Ce fut bien autre chose quand je tombai sur un manuel de jardinage à l'usage des enfants, avec des illustrations. J'abandonnais le domaine de l'abstrait pour entrer dans celui du concret. Les mots devenaient des images et les phrases des actes.

Ce fut mon livre de chevet durant des semaines, jusqu'au jour où monsieur Alexandre me donna à lire le roman de Daniel de Foe : *Robinson Crusoé*, dont, avant moi, madame avait fait ses délices. Ce livre me donna des ailes. J'y découvris des aspects du monde dont je n'aurais pas eu l'idée : un océan, des îles, des sauvages... J'appris avec surprise qu'il y avait, hors des limites du Boischaut, des terres et des personnages différents de nous. Un voile opaque venait de se déchirer pour m'ouvrir l'immensité et la diversité du monde.

Des mois plus tard, persuadé qu'il m'avait mis le pied à l'étrier et que le reste ne tenait qu'à moi, mon maître me laissa la bride sur le cou.

Il avait des tâches multiples et difficiles, madame se reposant sur lui de la marche du domaine, avec Noémie pour surveiller les domestiques. Il avait pris en main l'intendance et assumait cette fonction avec autant de facilité que s'il avait été élevé sous le chaume. Il visitait les métayers ou les recevait, s'entretenait avec eux des semis et des récoltes, des caprices du temps et de leur situation familiale.

Rien ne lui échappait. Noémie elle-même, qui jouissait dans sa partie d'une certaine autorité, avait des comptes à lui rendre, ce qui ne prêta jamais à querelle. Je ne jouissais pas, quant à moi, d'un régime de faveur ; au moindre manquement dans mon service du poulailler, de la cuisine ou du ménage, je ne coupais pas à la réprimande, sur un ton qui n'admettait pas de réplique.

Quoi qu'il en soit, je passais, auprès de mes compagnes, pour le «chouchou» de monsieur Alexandre, du fait qu'il s'intéressait à moi plus qu'aux autres.

Il me dit un jour, alors que je venais de donner sa provende à la volaille :

– Il va falloir que nous révisions ton statut. Je ne veux plus te voir au poulailler. Tu as mieux à faire qu'à distribuer le grain ou égorger les poulets. J'ai appris par ta cousine Noémie que tu avais du goût pour la cuisine. Dorénavant tu aideras madame Lucie aux fourneaux. Elle a mauvais caractère mais, à sa manière, c'est une artiste. Il faudra en prendre de la graine. Te voilà donc cuisinière en second. Un fameux avancement, hein, mon Grelet ?

Il entrait dans les attributions de monsieur Alexandre, depuis son arrivée à Nohant, un rôle de secrétaire auprès de sa maîtresse.

Après une nuit à gratter du papier, elle lui présentait le fruit de son travail. Il lisait attentivement et corrigeait. Ils en discutaient, parfois âprement. Il lui arrivait de lui faire réécrire des pages. Quand le manuscrit était achevé, il se chargeait des démarches avec les éditeurs.

Je fus parfois témoin de leurs altercations et m'en amusais.

– Trop long, madame, trop long et surtout inutile ! Pourquoi toutes ces digressions fastidieuses ? Vos lecteurs vont bâiller…

– Mes lecteurs, je les connais mieux que toi ! Ils aiment qu'on fasse long et préfèrent les gros livres. Tiens : *Consuelo*, par exemple. C'est un livre énorme : plus de mille pages, avec des digressions, et pourtant, quel succès ! Alors, les pisse-vinaigre de ton espèce, mon cher, je m'en tape !

Il n'était pas jusqu'à monsieur Maurice qui ne le mît à contribution pour graver les illustrations destinées aux ouvrages qu'il préparait mais qui tardaient à voir le jour, ou pour recopier au propre le texte des comédies destinées à son théâtre. Là encore, j'assistai à des disputes et à des pointes qui faisaient mouche.

Monsieur Alexandre bougonnait :

– Je viens à peine de terminer la gravure illustrant vos scènes champêtres que, déjà, il faut que je m'attaque à vos comédies ! J'ai autre chose à faire, figurez-vous, qu'à relire ces insanités : mener à bien mon travail personnel. À cause de vous, j'ai pris du retard.

– Eh bien, ton travail attendra. Mes « insanités », comme tu dis, elles, n'attendront pas. Au travail, mon vieux, et sans broncher !

Monsieur Alexandre était l'homme le plus doux que j'aie jamais connu. Il détestait la chasse et s'attendrissait sur un oiseau blessé, comme Frédéric Chopin qui, dit-on, pleurait sur une rose fanée et en faisait un prélude ou une étude. D'autres que lui auraient regimbé contre cet esclavage et rendu leur tablier. Il tenait bon la rampe, bien qu'étant de santé précaire, long, fluet, flottant dans ses vêtements, pâle sous une chevelure blondasse déjà clairsemée, une ombre de moustaches sur ses lèvres maussades.

Il couvait, à en croire Noémie, un mal de poitrine « comme ce pauvre monsieur Chopin, qui en était mort ».

– Avec le régime qu'on lui impose, me disait-elle, il ne tiendra pas longtemps. Ne t'approche pas trop de lui. Il est peut-être contagieux.

Elle soupirait :

– Décidément, notre maîtresse n'a pas de chance avec ses amoureux...

Madame et monsieur Alexandre, amants ? Je soupçonnais Noémie de faire courir ce bruit pour alimenter les ragots de cuisine et faire l'intéressante. Les faits ne tardèrent pas à m'ouvrir les yeux.

Je n'avais pas été longue à le comprendre : madame ne pouvait vivre sans amour. Elle ne se privait pas, d'ailleurs, de faire la confidence de ce penchant dans les longues lettres qu'elle adressait à ses amis des deux sexes. Je pourrais aujourd'hui dresser une liste non exhaustive de ceux qu'elle a connus, aimés, rejetés, ou qui ont trompé son attente. Ce furent pour la plupart des hommes plus jeunes qu'elle, avec une préférence pour les malingres et les souffreteux. C'était de sa part une sorte de vocation originelle. Elle ne supportait pas le mâle dominateur et professait une sorte de matriarcat que pouvait justifier sa notoriété. Elle pouvait passer pour un chef de tribu. Nohant en était une.

Au cours des premières années que je passai à son service, madame semblait avoir renoncé aux passions et aux passades. Oubliés Jules Sandeau, Alfred de Musset, Frédéric Chopin ! Oublié le gros Hermann, ce bon toutou, obéissant le jour et plein d'un zèle de hussard la nuit venue ! Ce fut la première révocation, sans tambour ni trompette, à laquelle il me fut donné d'assister. Je le vois encore, épaules voûtées, regard de chien battu, traverser la cour déserte, jeter son bagage dans le tilbury, et partir sans un signe d'adieu...

Dans la fièvre de la révolution de quarante-huit, madame avait connu une brève liaison avec un garçon d'aspect fragile mais possédé par une ardeur patriotique intense, Louis Blanc. À plusieurs reprises, un garçon un peu obèse, Victor Borie, qu'elle appelait, j'ignore pourquoi, « Pôtu », avait assuré des intérims sans rechigner, mais ce n'était rien d'autre qu'une amitié dévoyée.

Mon innocence s'effilochait au contact de ce milieu animé de petits et de grands événements quotidiens.

J'avais du mal à me faire à l'idée que madame, rejeton d'une illustre famille qui comptait un maréchal de France, Maurice de Saxe, qui avait du sang des Bourbon dans les veines et descendait d'Aurore de Koenigsmarck, reine de Pologne, avait pu s'engager corps et biens, au côté du peuple, dans une épopée révolutionnaire. Lorsque j'interrogeais Noémie, elle faisait la sourde oreille ou me répondait :

– Que veux-tu que je te dise ? Tout ça, c'est la faute à Voltaire...

Voltaire ? J'interrogeai monsieur Alexandre qui ne m'en dit guère plus sur ce personnage :

– C'était un grand penseur, un philosophe. Il a contribué à sa façon à la Révolution de quatre-vingt-neuf. Et puis, zut! Si tu veux en savoir plus, tu demandes à madame de te prêter ses livres. Il y en a plein la bibliothèque. Tu verras ça plus tard.

Plus tard... C'est ce qu'on disait à tout bout de champ. Cela m'exaspérait, portée que je suis à respirer le fumet de lièvre avant de l'avoir vu mort. Il était donc trop tôt pour apprendre les raisons pour lesquelles toute la maisonnée, à part la vieille cuisinière, madame Lucie, avait renoncé aux exercices de la religion. Et pourquoi mes compagnes souriaient lorsque, agenouillée au bord de mon grabat, je disais ma prière et me signais.

Monsieur Alexandre ouvrit pour moi une porte qu'il referma aussitôt.

– Contrairement à ce que tu sembles croire, madame a de la religion. Elle croit en Dieu mais pas en l'Église. C'est pourquoi tu ne la verras jamais à la messe.

Il m'était difficile de croire qu'on pouvait dissocier Dieu de l'Église. J'avais connu sa maison, et personne n'aurait pu dire le contraire. Si l'on avait bâti l'église de Nohant, comme celle de Montgivray, ce n'était pas pour abriter les gens par temps d'orage. Si l'on disait des messes, si l'on faisait sonner les cloches, c'était pour instaurer un dialogue. Et un dialogue se fait à deux ou à plusieurs. Je ne sortais pas de cette logique sommaire mais incontestable. Tout comme mon innocence, ces certitudes allaient s'effilocher au cours du temps. Aujourd'hui, au terme de ma longue existence, je ne crois ni à Dieu ni au diable mais tout bonnement à la vie.

Peu à peu, imprégnée de l'ambiance relâchée de cette maison du péché qu'était le château de Nohant, j'entrai dans le domaine lumineux de la raison. Renonçant à mes génuflexions et à mes prières, je glissai le missel du curé sous ma paillasse, dans l'attente du signe d'un messie laïque : M. de Voltaire, et des porteurs de lumière que je côtoyais.

2

Le Grelet

La religion est une chose ; la politique en est une autre, même si, souvent, elles cohabitent et se combattent.

J'entamais ma deuxième année de présence au château lorsque la République issue de la révolution populaire de quarante-huit se donna, démocratiquement, au Prince-Président Louis-Napoléon, neveu de l'Empereur. Retour de son exil dans la forteresse de Ham, en Picardie, dont il s'était évadé cinq ans plus tôt, il avait la réputation, confirmée par ses écrits sur le paupérisme, d'un ardent démocrate. Il n'allait pas tarder, une fois au pouvoir, à jeter ses convictions aux oubliettes. La Constitution, sur laquelle il avait prêté serment, pesait trop à ses ambitions pour qu'il n'eût pas l'intention de s'en libérer au plus vite.

Le 1er décembre 1851, à la suite d'un coup d'État, naissait le Second Empire.

Lorsque se produisit cet événement, madame se trouvait à Paris, auprès de l'éditeur Hetzel, qui avait entrepris la publication de ses œuvres complètes, du moins celles qui avaient été éditées à ce jour. Elle attendait les premières représentations d'une de ses pièces au Théâtre de l'Odéon.

C'est Alexandre Manceau qui lui apprit, alors qu'elle revenait du cirque, le coup d'État qui avait fait basculer la République dans l'Empire.

Les mesures de rigueur qui allaient suivre : perquisitions, arrestations, déportations, la laissèrent stupéfaite. Elle avait lu les ouvrages du prisonnier de Ham et les avait trouvés conformes à ses idéaux. Dans les milieux bourgeois, on l'appelait « Sand la Rouge ». Elle ne cachait pas ses tendances à un communisme proche de celui des chrétiens du temps des Romains. Les premières mesures du nouvel Empereur lui donnèrent des sueurs froides. Louis Blanc, Pierre Leroux, Ledru-Rollin, Victor Hugo, avaient choisi l'exil. Son éditeur, Hetzel, s'apprêtait à les imiter.

Elle dit à Manceau :

– Il faut que je rencontre l'Empereur et que je plaide la cause de nos amis. Il m'écoutera. Je sais qu'il a lu mes livres...

– Il n'acceptera pas de vous recevoir.

– Il me recevra ! Une de mes cousines est sa marraine. Elle interviendra.

Une semaine plus tard, l'Empereur lui donnait rendez-vous.

Rien de protocolaire dans cette audience. Il lui tendit la main avec un sourire affable, la fit asseoir, s'informa de l'objet de sa requête. Elle prêcha la tolérance pour ses amis politiques, entama une longue liste de suspects qu'elle interrompit lorsqu'elle le surprit à bâiller.

– Portez donc ces documents, lui dit-il, à M. de Persigny. C'est de son ressort plus que du mien.

Elle rencontra le ministre. Il lui promit d'examiner sa requête.

Dans le milieu de ses amis politiques, ce fut un beau tollé ! De quoi se mêlait-elle ? De quel droit sollicitait-elle d'un pouvoir abhorré l'assurance de leur sécurité ? Ils n'étaient pas des coupables mais des victimes.

Elle en fut ulcérée. Ce qu'elle souhaitait, c'était une amnistie générale, et pas seulement la grâce de ses amis. Elle n'eût pas été fâchée que l'on commençât par ceux du Berry.

Ainsi était ma maîtresse : altruiste, généreuse, désintéressée avec ses amis politiques comme avec ses paysans de Nohant. Incapable d'une trahison, même envers ceux qui l'avaient trompée.

J'étais présente le jour où Alexandre Dumas fils, un ami de fraîche date, vint lui remettre un coffret contenant les lettres qu'elle avait adressées à Chopin. Elles étaient entrées en sa possession par le plus grand des hasards. La sœur du musicien, Luisa, lui avait remis ce précieux dépôt alors qu'il effectuait un voyage en Pologne.

Madame défit le paquet, déplia une lettre, la lut en fronçant les sourcils.

– Luisa m'a affirmé, dit Dumas, qu'il n'en manque pas une.

– Je vous suis reconnaissante d'avoir fait le voyage de Paris à Nohant pour m'apporter ce coffret, mais voyez-vous, mon ami, j'ai l'impression que cela ne me concerne plus. J'ai eu trop de mal à oublier ce passé pour m'y plonger de nouveau.

Elle ajouta en forme de point d'orgue :

– Ce qui est cendre doit retourner à la cendre.

Elle s'agenouilla devant la cheminée et, une à une, y jeta les lettres.

– Vous n'ignorez pas, dit-elle, les péripéties de notre rupture. Durant des années je me suis sacrifiée pour ce pauvre garçon et il m'a payée d'ingratitude. Je lui pardonne, mais je ne veux rien garder qui me rappelle son souvenir. C'était une triste aventure. Je le regrette pour Luisa comme pour vous.

– Je ne puis vous en vouloir, madame. Vous êtes libre de votre passé comme de votre avenir...

Dieu merci, la correspondance qu'elle a entretenue avec Alfred de Musset n'a pas subi le même sort, bien que cette aventure eût laissé dans son souvenir le même dépôt d'amertume.

Le poète n'avait pas renoncé à la vie de débauche qui l'entraînait vers le suicide. Il avait rompu avec sa nouvelle égérie, Mme Allan-Despréaux, une comédienne interprète de ses œuvres, pour reporter sa fiévreuse passion sur une femme de lettres, Louise Collet, qui partageait ses faveurs entre lui et Gustave Flaubert. Il était entré à l'Académie française mais avait laissé son inspiration sur le seuil. On jouait encore ses comédies, on lisait toujours ses poèmes, mais la stérilité rongeait son génie. Peut-être lui manquait-il, pour le ranimer, une passion orageuse comme celle qui l'avait lié à ma maîtresse.

Je n'ai jamais entendu madame prononcer le nom du

poète : il s'était éloigné de sa vie à jamais. Eût-elle retrouvé les lettres qu'elle lui avait adressées, elles eussent subi le même sort que celles de Chopin.

La vie que je menais à Nohant me convenait, au point que je négligeais souvent les visites que je devais à ma famille. J'apprenais par Noémie des projets de mariage et des invitations auxquelles je ne pouvais me soustraire. Je donnais ou faisais parvenir à ma mère la plus grande partie de mes gages, lui apportais deux ou trois fois l'an les vêtements et le linge dont madame souhaitait se débarrasser. L'ambiance de mon ancien logis me pesait. Je n'arrivais pas à concevoir que, durant quinze ans, j'avais pu baigner dans cette misère sans éprouver le moindre sentiment de révolte contre ma condition. Le cordon ombilical coupé, j'étais devenue une étrangère, rebutée par la saleté qui régnait dans cette masure, par l'odeur du fumier, par la présence des poules dans la cuisine.

Lorsque je reprenais, à pied ou à dos de bourricot, le chemin de Nohant, j'avais l'impression de me délivrer de nippes puantes.

– Il me semble, me disait Noémie, que tu assumes une corvée en rendant visite à ta mère.

– C'en est une. Loin de me savoir gré de lui venir en aide, elle me méprise, comme si j'étais une étrangère venue faire acte de générosité pour soulager sa conscience. C'est pourtant elle qui m'a poussée à partir, tu te souviens ?

La situation de Noémie était pire que la mienne. Sa famille menaçait de la renier ; elle lui reprochait de ne pas s'être mariée pour rester libre de se livrer aux turpitudes de la châtelaine et de ses amis parisiens. Si l'on consentait à la recevoir, c'est qu'elle ne venait jamais les mains vides. Pauvre Noémie... Son apparence physique aurait dû l'exonérer de ces accusations. En plus d'un caractère acariâtre, elle avait l'allure d'un épouvantail déguisé en dame patronnesse. Rien en elle n'attirait la sympathie, et moins encore l'amour. Nos rapports étaient sans nuage, mais d'une extrême sécheresse. Elle n'avait jamais brûlé de la moindre passion mais, jeune encore qu'elle était, sa vie était déjà un lit de cendres. Peut-être lui manquait-il, pour se sentir plus humaine, le secours de la foi.

Je lui savais gré d'avoir guidé mes premiers pas dans le château et veillé à ce que l'on me respectât. Elle m'avait épargné bien des bévues, avait pris ma défense dans les chamailleries entre servantes et mon parti contre les exigences de madame Lucie, notre cuisinière.

Je ne puis rien lui reprocher de sa conduite envers moi, si ce n'est une pointe de jalousie. Elle tolérait mal que madame et monsieur Alexandre se fussent entichés de ma personne au point, parfois, ce qui était venu à la longue, de m'avoir acceptée dans leur intimité.

Elle enviait jusqu'à ma toilette, qu'elle trouvait libre et provocante. Je tentais de lui faire comprendre que je ne faisais, en soignant ma tenue, que répondre au souhait de notre maîtresse, laquelle m'offrait des lingeries et des robes d'intérieur qu'elle ne portait plus. Elle n'eût pas accepté d'être servie par une souillon.

– Mon petit Grelet, me disait-elle, cette coiffure ne te

va pas. Il faut enlever ce bandeau, renoncer à ces nattes à rubans. Je vais t'apprendre à être coquette.

Ou encore :

– Ce corsage devrait t'aller. Je ne le porte plus depuis dix ans. Il est un peu décolleté pour une gamine, mais, baste ! On n'est jamais trop belle. Tu vas ressembler à la fille du notaire de La Châtre…

Un matin, alors que je travaillais à la cuisine, j'eus une prise de bec avec madame Lucie qui me reprochait de négliger mon travail pour aller « fricoter » avec monsieur Manceau. Je me défendis âprement. Elle me gifla en s'écriant :

– Pour qui se prend-elle, cette fille de métayer ? Voilà qu'elle veut me donner des leçons !

Sans l'intervention de Noémie, cette dispute aurait fini en crêpage de chignons. Ma cousine me conseilla d'aller me plaindre à madame, ce que je me refusai à faire.

– Eh bien, c'est moi qui m'en chargerai !

Ce qu'elle fit dans l'heure qui suivit. Appelée auprès de madame, Lucie eut son paquet. Elle se renfrogna mais promit de mettre un frein à ses humeurs.

– Grelet, me dit madame, je ne supporte pas ce genre de désordre dans le service de la maison. J'ignore le motif de cette dispute. Qui a tort, qui a raison, je m'en moque. Mais tiens-toi à carreau. À la moindre incartade vous quitterez mon service.

Elle devait, à quelques jours de là, en constatant que la trace de la gifle avait disparu de ma joue, me confier qu'elle se serait volontiers, et depuis longtemps, séparée de cette maritorne, si ce n'était la meilleure cuisinière du canton.

– Je préfère patienter. Elle est vieille et malade, au point que je ne serais pas étonnée qu'elle vide d'elle-même les lieux. En ce cas, tu pourrais prendre sa place…

Je rejoignais souvent madame dans le jardin, pour l'aider à ses plantations qui étaient chez elle, depuis son enfance, une passion.

Vêtue comme elle d'un sarrau, chaussée de sabots, je la secondais de mon mieux. De temps à autre elle se redressait, les mains à ses reins, avec une grimace. C'était la première image que j'avais eue d'elle et qui m'émouvait. Elle s'asseyait à même la pelouse pour allumer une cigarette ou un petit cigare. Elle fumait beaucoup. Beaucoup trop. Le matin, en aidant à remettre de l'ordre dans son appartement, je trouvais sur sa table de travail la coupelle pleine d'eau où elle noyait ses mégots ou les cendres.

Un matin, alors que je mettais de l'ordre dans ses affaires, je constatai que le verre d'eau qui l'accompagnait dans ses séances d'écriture était encore à moitié plein ; je m'en saisis et bus ce qui restait, non pour apaiser ma soif mais pour tremper mes lèvres où elle avait posé les siennes.

Un jour de grand soleil où elle se reposait, assise dans l'herbe, sous un buisson de roses, elle me dit en sortant son paquet de tabac :

– Grelet, ça te dirait d'en griller une, pour me tenir compagnie ?

– Merci, madame. Ça ne serait pas convenable.

Elle éclata de rire en se tapant sur les cuisses.

– Pas convenable ! Tu trouves que je ne suis pas convenable ?

– Oh, madame ! Je voulais parler de moi.

– Rien ne coûte d'essayer. Je vais t'en rouler une. Ça ne te fera pas mal. C'est du tabac doux. Il vient de Turquie.

Pour ne pas la contrarier, j'acceptai son offre et ne tirai de cette expérience qu'un plaisir fugitif accompagné d'une légère nausée. Par la suite, de temps à autre, par esprit de mimétisme plus que par goût, je fumais en son absence ce qui restait de ses tabagies nocturnes et n'en tirais qu'un plaisir frelaté, qui ne faisait pas craindre une accoutumance.

Certains soirs, à la belle saison, après une journée de labeur harassant, pour elle comme pour moi, madame me faisait asseoir près d'elle, sur un banc du parc, près du bassin, sous une légère buée de miellée. Nous restions, silencieuses, à écouter le chant du rossignol et la musique du piano sur lequel jouait monsieur Alexandre. Parfois, proche du sommeil, elle me prenait la main et laissait sa tête tomber sur mon épaule.

Un soir, elle me dit :

– Je suis lasse, mon Grelet. Je devrais me coucher et prendre une bonne nuit de sommeil, mais il faut que je travaille, tu comprends, ma chérie ?

– J'aimerais vous aider, madame.

– Tu es gentille, mais c'est impossible. Je travaille toujours seule.

Elle se pencha sur moi et m'embrassa sur les lèvres.

À peine avait-elle accédé à l'étage que le piano s'interrompit. Je regardai la lumière de sa chandelle aller et venir d'une pièce à l'autre avant de se fixer sur son lieu de travail. Je serais restée sur mon banc jusqu'au matin si la fraîcheur ne m'avait incitée à regagner ma couche.

3

Une odeur d'herbe sèche

L'été venu, nous allions passer fréquemment quelques heures de fin d'après-midi au bord de l'Indre, non loin du moulin d'Angibault, que madame a choisi comme cadre d'un de ses romans.

Maurice avait insisté pour que je sois présente, à titre de porteuse des serviettes et de la toile sous laquelle s'abriter pour changer de vêtements. Prétexte fallacieux : il aimait assister à mon bain, et je n'avais garde de le priver de ce spectacle.

Il avait découvert, entre un vieux pont et le moulin, un coin de rivière bordé d'une minuscule plage de sable doré, où l'eau était suffisamment profonde, même au fort des grandes chaleurs, pour s'ébattre et nager. Le décor lui plaisait : eau limpide, saules et peupliers, solitude parfaite... Nous accédions à la berge par un sentier pratiqué dans un champ d'orties géantes, où nos pas déclenchaient des fuites de lézards et de couleuvres.

Pour rien au monde madame n'eût renoncé à ce rite

balnéaire. Quelle que fût la température de l'eau – et elle était souvent froide – elle s'y plongeait, s'y allongeait avec délices et restait de longs moments immobile ou à barboter, ne laissant émerger que son visage, yeux clos, bouche ouverte et cheveux dénoués.

C'était un plaisir pour moi, dont je me délectais, malgré ma frilosité. Maurice m'apprit à pêcher la truite en fouillant dans les souches et les rochers immergés. Nous éprouvions une joie d'enfants à tenir entre nos mains cette vie frémissante.

Il m'entraînait parfois, main dans la main, jusqu'au moulin. J'aimais le silence de ces vastes bâtisses un peu hétéroclites, le murmure des filets d'eau fluant de toutes parts au milieu d'un labyrinthe d'îles et d'îlots verdoyants. Seule la grande roue à aubes animait ce paysage figé dans la chaleur de l'été, immergé dans un océan de prairies, de champs et de brandes incandescents, enfoui dans une touffeur végétale qui paraissait le couper du monde.

C'est au retour d'une de ces promenades d'où nous ramenions des œufs, des poissons et de la fleur de farine pour les pâtisseries de madame que Maurice devint mon amant.

Il me précédait de son allure de gros chien, ses cheveux collés sur sa nuque par l'eau de son bain, d'un pas rapide, comme s'il eût été pressé de retrouver notre petit groupe. Je le connaissais suffisamment pour savoir que des moments de timidité alternaient chez lui avec de brusques élans de passion ou de désir. À plusieurs reprises, sur un ton badin, il m'avait laissé entendre qu'il aurait aimé donner à nos rapports un prolongement plus intime. Je prenais ces avances à la légère, d'autant qu'elles faisaient long feu.

Alors que nous étions en vue du pont, il s'arrêta et se retourna brusquement, si bien que je me heurtai à lui avec un cri. Je lui dis, rouge de confusion :

– Pardonnez-moi, monsieur Maurice. Je suis bien maladroite.

– C'est à moi de te demander pardon. Je t'ai surprise.

Il ajouta :

– Ma petite Marie, je te dois une confidence : tu me fais perdre la tête. Mais aussi, pourquoi es-tu si aguichante ? Tout à l'heure, en sortant du bain, j'ai vu un de tes seins dépasser de ta chemise. Ça m'a fait un choc. J'ai bien réfléchi : le mieux est que tu quittes notre maison, que tu partes de toi-même.

L'émotion me cloua sur place et me fit monter les larmes aux yeux. Je finis par articuler d'une voix brisée :

– Mais, monsieur… Il n'y a aucune raison pour que je parte. Je me plais dans cette maison, et…

Animé d'un brusque accès de colère qui lui mettait le feu aux joues, il s'écria, au risque d'attirer l'attention de ceux qui nous attendaient :

– Tu ne comprends pas ou tu ne veux pas comprendre que j'ai envie de toi, que je n'en dors plus, que… que je perds la tête ! Tu ne peux rester qu'en me délivrant.

– Vous délivrer, monsieur ? Et de quoi donc ?

– De mes obsessions, petite sotte ! De mes obsessions !

Je me débattis lorsqu'il m'entraîna vers une cabane de jardinier posée en bordure d'un espace planté de fantômes de choux et de buissons de clématites. Il enfonça la porte d'un coup de pied, me débarrassa de mes paniers et me serra contre lui à m'étouffer, avec des gémissements pitoyables. Comme je tentais une ultime résistance, il marmonna dans mon oreille :

– Tu fais moins de manières avec l'autre.

– Quel « autre », monsieur ?

– Tu le sais bien : Manceau !

Je l'écartai, bien décidée à lui tenir tête. Au milieu de mes larmes, je criai qu'il se trompait, que jamais monsieur Alexandre et moi... Il se gratta les moustaches d'un air embarrassé et soupira, ses mains posées sur son visage :

– Soit... Soit... Si je me suis trompé il faut me pardonner. Je te crois, oui, je te crois. Tu vois, Marie, je suis bien malheureux à cause de toi. À part ma mère, personne ne m'aime dans cette maison, non, personne, pas même toi...

Je flairai une manœuvre habile destinée à provoquer ma reddition. Pourtant, je devais en convenir, il avait visé juste et, peut-être par calcul, m'avait ébranlée. Il répéta comme une litanie que personne ne l'aimait, si bien que je lui jetai :

– Mais non, monsieur, moi, je vous aime !

Il répliqua d'une voix sèche :

– Eh bien, si tu dis vrai, tu ne le montres guère.

– Mais, monsieur, que faudrait-il que je fasse pour vous le prouver ? N'est-ce pas assez que je vous le dise ?

– Non, Marie, ça n'est pas assez, pas *vraiment*.

En lui disant que je l'aimais, ce à quoi il m'avait habilement poussée, j'avais signé ma capitulation. Il me prit par les épaules, me poussa vers un tas de fanes de haricots et de maïs, en gémissant comme un chien au seuil d'un repaire de sauvagine. Je sentis ses mains tâtonner sous ma chemise encore humide, surprise du plaisir que cela me procurait et des frissons qui me parcouraient de la tête aux pieds.

Je criai lorsqu'il me pénétra et m'accrochai à ses lourdes épaules au-delà desquelles se dessinaient des rangées de choux montés. Il parut surpris en constatant que j'étais vierge et se mit à débiter à mon oreille, en l'humectant de salive, une litanie de mots sans suite, où celui d'« amour » revenait souvent.

Les préliminaires avaient été rudes et incertains, mais il n'avait pas lieu de chanter victoire : somme toute, je ne lui avais pas opposé une résistance farouche.

Sur le trajet qui nous séparait du pont, il se mit à chantonner, se montra jovial et attentionné, au point de m'aider à porter nos paniers en plaisantant sur les œufs cassés et la farine répandue.

Lorsque, le soir venu, nous retournâmes au château à travers les prairies d'herbe sèche sur lesquelles déferlait un concert de grillons, de criquets et de courtilières, je me sentais à la fois moite d'émotion, heureuse, taraudée de remords, dans une grande confusion de sentiments. Je me répétais, en marchant, pieds nus sur la terre brûlante : « Marie, tu as un amant... Marie, tu es une femme à présent... »

Je venais tout juste d'avoir dix-sept ans.

4

Un poignard dans le cœur

Je dois renoncer à faire état des succès – et des échecs – dans la carrière littéraire et théâtrale de madame. L'énumération en serait longue et fastidieuse.

En l'espace de trois ans, elle a publié cinq romans, en plus d'un énorme ouvrage qui raconte sa vie ; elle a fait jouer quatre pièces de théâtre, au Gymnase ou à l'Odéon ; elle a écrit des centaines d'articles et des milliers de lettres… Cette activité intense et les fréquents voyages à Paris, souvent avec monsieur Alexandre, minaient sa santé sans la décourager.

Elle me dit un soir, en descendant de son tilbury :

– Ma fille, je suis vannée ! Ces spectacles, ces rendez-vous, ces réceptions, j'en ai ma claque. Et s'il n'y avait que ça… Tiens, prépare-moi un bain !

Elle nous ramenait de la capitale une fillette qui pouvait avoir trois ou quatre ans. Monsieur Alexandre l'aida à descendre, ensommeillée, de la voiture, en la portant dans ses bras.

– Je te présente, me dit-il, notre nouvelle pensionnaire : la fille de madame Solange et de son sculpteur de mari. Elle se prénomme Jeanne, mais madame l'appelle Nini. Je te préviens : elle est jolie mais pas commode, blonde et rose comme une Anglaise, mais capricieuse. Il faudra la dresser comme une pouliche.

Dans la soirée, madame me fit appeler pour me dire que sa fille lui avait confié la garde de cette enfant et que j'aurais à m'en occuper.

– Comme cela va t'occasionner un surcroît de travail, tu seras dispensée du service de la cuisine, du moins le temps que Nini restera parmi nous.

Madame me confia que la première victime de la séparation de sa fille et de son gendre risquait d'être cette gamine. Elle s'était opposée à ce qu'on la laissât à sa mère, qui avait trop à faire avec ses rendez-vous galants et ses soirées mondaines. À son père ? Il s'en serait débarrassé dans une pension. Il ne restait qu'une solution : la confier à sa grand-mère.

Une semaine plus tard, en route pour les côtes provençales, madame Solange fit halte à Nohant. Elle descendit de sa voiture toute froufroutante, volubile, vêtue comme une princesse russe, coiffée d'un chapeau excentrique. Elle embrassa sa fille comme si elle l'avait quittée la veille, sa mère comme si elle lui souhaitait le bonsoir, se contenta de faire, avec son éventail, un signe à monsieur Maurice et parut ignorer monsieur Alexandre.

Elle lança d'un air provocant :

– Rassurez-vous, mère, je ne resterai que quelques jours.

Piquée au vif, madame répliqua :

– Tu peux rester autant que tu voudras, ma fille : cette maison est la tienne.

Madame Solange confia à sa mère qu'elle allait passer environ un mois sur la Côte et qu'au retour elle se mettrait en quête d'une demeure dans les environs. Madame lui répondit d'un ton âpre qu'elle trouverait difficilement ce qu'elle cherchait. Elle voulait un château ? Il n'y en avait pas à vendre à des lieues à la ronde. Madame avait flairé l'intention réelle de sa fille : s'installer chez elle. Ç'aurait été introduire le diable au paradis. Madame Solange prévint cette réserve.

– Rassurez-vous, je n'ai pas l'intention, au cas où je ne trouverais rien à acheter, de vous imposer ma présence. D'ailleurs mon train de maison aurait du mal à tenir dans la vôtre.

Cet entretien à couteaux tirés en disait long sur leurs rapports.

Au cours du souper, dont j'assurai le service, après avoir conduit la petite à son lit, ces dames parlèrent de Clesinger. À ma grande surprise, madame Solange prit sa défense.

– Nous nous entendons mal, c'est vrai. Il est entier, violent parfois, mais d'une générosité à toute épreuve. Il gagne beaucoup d'argent avec ses œuvres et les honneurs pleuvent sur lui.

– Est-ce pour autant qu'il honore ses dettes ? Je me suis laissé dire qu'il se cachait pour échapper aux créanciers.

– On dit beaucoup de mensonges à son sujet. Il m'arrive de regretter notre séparation. Avec lui, la vie était une fête, même si parfois elle tournait mal.

Madame Solange partie, madame me confia que sa fille n'avait «rien au fond du cœur», qu'elle faisait consister son plaisir à être et à demeurer une femme du monde, un milieu qu'elle ne se privait pas de brocarder violemment. En prenant la défense de son mari, elle se donnait le beau rôle, évitait de passer pour une victime, montrait qu'elle pouvait manifester des sentiments généreux. Elle s'attribuait l'initiative de la rupture, non en raison des brutalités et des trahisons de son mari, dont les maîtresses ne se comptaient plus, mais pour satisfaire son goût de l'indépendance.

– Ma fille, ajouta madame, est un monstre d'orgueil et d'égoïsme, mais je me refuse à la juger trop sévèrement. Elle a vécu, entre mon mari et moi, qui étions comme chien et chat, une enfance difficile dont elle s'est mal remise. De plus, elle a fait une fausse couche il y a un mois et craint de ne pas avoir d'autre enfant.

Lorsque monsieur Maurice annonça à sa mère, quelques mois plus tard, qu'il devait se rendre à Paris pour des problèmes d'édition concernant ses œuvres (il avait été invité à souper par le ménage Clesinger, pour arbitrer une tentative de réconciliation), elle lui dit :

– Je n'aime pas ça ! Pas du tout ! Clesinger est fou et ta sœur sans entrailles. Leur absence de moralité les rend capables du pire. Ils ont intérêt à ce que tu n'existes pas. Rends-toi chez eux, puisque tu le leur as promis, mais évite de manger et de boire. On ne sait jamais ce qu'ils ont derrière la tête…

Elle n'avait pas oublié la scène datant de quelques années, au cours de laquelle, devenu furieux, le « tailleur de pierre » les avait agressés violemment.

– Surtout, s'ils te demandent de l'argent, fais la sourde oreille. Tu ne le reverrais pas.

Le couple avait repris, sans la petite Jeanne, une apparence de vie commune. Il utilisait toujours, par mesure d'économie, sa femme comme modèle et la traitait comme telle, ni plus ni moins. Le soir, il se mettait sur son trente-et-un et allait passer ses nuits hors du domicile conjugal. Il rentrait le matin, ivre, les parfums et les odeurs *sui generis* de ses catins imprégnant son habit. Lorsqu'il touchait l'argent d'une commande, c'était la bamboche dans les meilleurs restaurants de la capitale. Puis, de nouveau, on tirait le diable par la queue.

Madame Solange s'étant absentée pour aller rendre visite à son père, dans son domaine de Gascogne, Guillery, près de Nérac, Clesinger avait donné libre cours à ses passions et à ses vices. À son retour, trouvant la chambre occupée par une intérimaire, elle jugea qu'il avait passé les bornes et ne le lui envoya pas dire. En larmes, elle s'était réfugiée au couvent des Augustines anglaises, où madame avait passé une partie de son enfance.

De là, elle écrivit à sa mère pour lui faire part de sa situation et se plaindre de n'avoir « ni parents ni enfant, pas même un chien ». Pathétique mais dérisoire…

– Pas de fille ? Quel toupet ! Pourquoi n'a-t-elle pas gardé Nini ? Pourquoi n'a-t-elle pas veillé à son éducation au lieu de jouer les poules de luxe ? Elle ne doit s'en prendre qu'à elle de ce qui lui arrive. Elle me réclame de l'argent, se plaint que je ne lui serve qu'une misérable pension. Eh bien, qu'elle fasse comme moi : qu'elle travaille ! Je me demande bien à quoi, d'ailleurs...

J'eus connaissance de la lettre que madame envoya à sa fille en réponse à ses doléances. Elle lui disait, avec sa franchise coutumière :

« *Pour subvenir à tes besoins, il me faudrait travailler le double et risquer de mourir en quelques mois. Je me refuse à imaginer que mon devoir envers toi consiste à mener une vie de galérien, de cheval de pressoir pour satisfaire tes goûts de luxe et de plaisir. Essaie donc de te prostituer ! Je t'en défie. Il faut être plus belle et plus spirituelle que tu ne l'es...* »

J'en reviens, après cette digression, au jour où mademoiselle Nini fit son entrée au château.

Le voyage avait épuisé madame. Je l'accompagnai jusqu'à sa chambre pour préparer son bain. Elle me dit entre deux soupirs :

– Ce voyage en train, quelle épreuve ! Il a duré huit heures, tu te rends compte ! Huit heures en compagnie d'hommes qui buvaient et bouffaient comme des porcs, de femmes qui puaient et vomissaient quand le train prenait de la vitesse...

Elle me demanda de l'aider à se débarrasser de son habit de voyage qui sentait le charbon et le patchouli. Je ne l'avais pas vue nue depuis notre dernière baignade. Elle avait encore pris du poids, en avait conscience et s'en plaignait en faisant claquer ses mains sur sa peau.

– Regarde, Marie ! Regarde ce menton de chanoine,

ces cuisses de bouchère, cette poitrine de nourrice... Tu sais à quoi je vais ressembler bientôt ? À la femme du notaire de La Châtre, cette dondon. Qu'est-ce qui m'arrive, nom de Dieu ? Je ne fais pas d'excès de table, pourtant, et je bouge sans arrêt.

– Je crois que vous exagérez, madame. Beaucoup de femmes, la cinquantaine venue, seraient contentes d'avoir votre allure. Vous êtes en bonne santé. N'est-ce pas l'essentiel ?

Elle me jeta un baiser sur les lèvres, me pressa contre elle.

– Tu es un amour, ma chérie, mais trop indulgente. Dans quelques années, quel homme voudra de moi ? C'est à pleurer...

Elle se plongea dans son bain chaud avec un soupir voluptueux. Tandis que je la savonnais et l'étrillais en force, comme elle me le demandait, elle me parla de sa petite-fille qu'elle adorait.

– Tu verras, Marie, cette gamine a de bons côtés. Un peu capricieuse, peut-être, mais éveillée et gentille quand elle le veut bien. Elle ressemble à sa mère pour le caractère. Il faudra être patiente avec elle. Quand on sait dans quelles conditions elle a été élevée, entre une brute et une évaporée...

Madame avait fait de moi sa confidente. À qui d'autre, d'ailleurs, à part messieurs Maurice et Alexandre, aurait-elle pu se confier ? Entre femmes, les confidences prennent un tour plus sincère.

– C'en est bien fini du ménage Clesinger, me dit-elle. Lorsqu'il a appris que ma fille avait une liaison avec le comte d'Orsay, cet énergumène l'a rouée de coups. Elle l'a quitté, et pour de bon cette fois. Je devrais m'en réjouir, mais de quoi vivra-t-elle ? Avec la pension que je lui verse et celle de son père, qui est maigre, comment pourra-t-elle s'en tirer ? J'espère que le comte d'Orsay se montrera généreux…

Ce qu'elle redoutait par-dessus tout, c'est ce qu'elle appelait un « coup de force » de son gendre.

– Avec ce dément, il faut s'attendre au pire. Il se peut qu'il arrive pour reprendre sa fille. Il en a le droit. Si ça devait se produire, il faudrait la cacher, par exemple dans ta famille, à Montgivray…

Madame ne savait qu'inventer pour distraire la gamine. Elle avait pillé un magasin de jouets de La Châtre, lui avait acheté un petit âne pour la promener dans le parc, lui apprenait à la veillée des chansons berrichonnes et l'endormait en lui racontant des contes de fées. Elle me confia le soin de lui apprendre les rudiments de l'alphabet. La petite bâillait.

– Ça m'intéresse pas et j'y comprends rien.

– Si tu veux être une dame, plus tard, comme ta maman, il faut bien que tu apprennes.

– M'en fous…

Madame décida de lui faire construire ce qu'elle appelait un « petit Trianon ».

Elle choisit un coin du parc très ombragé, avec un petit lac de fantaisie et un îlot. Elle y fit édifier par un artisan du village une cabane entourée d'un jardin en miniature, clos d'une palissade. Elle espérait que la petite s'y sentirait à l'aise, pourrait organiser ses loisirs et satisfaire ses caprices, sous bonne surveillance cela va sans dire. Elle fit construire dans ce domaine liliputien une butte couronnée d'une sorte de dolmen et d'une grotte de rocaille d'où débouchait un ruisselet dû à la science de monsieur Alexandre.

C'est ainsi qu'une partie de l'été, plusieurs heures chaque jour, Nini et moi jouâmes les Robinson. La petite se plaisait dans son domaine et le défendait contre les intrusions étrangères, celles, notamment, des enfants du village, qu'elle détestait pour leurs manières frustes et leur idiome barbare.

Au bout de quelques semaines, Nini se désintéressa de ce paradis et de cette solitude à deux pour revenir à son bourricot dont elle traitait les réticences par le fouet.

Elle était sujette à d'étranges caprices, comme de manger avec ses doigts. Lorsque nous la grondions et lui mettions une fourchette dans la main, elle la jetait sur la table et boudait. Privée de dessert, elle proclamait qu'elle s'en moquait.

La nuit, je couchais dans sa chambre. Comme elle avait le sommeil difficile, elle me réveillait au milieu de la nuit pour me demander de lui raconter une histoire, de lui chanter un air du pays, ou de lui apporter un verre de lait. Je la surpris une nuit à tirer la sonnette pour alerter les domestiques. Ces facéties amusaient les uns, mais importunaient les autres. J'en avais pris mon parti : elle avait fait de moi une esclave soumise à tous ses caprices.

Un matin, un courrier de madame Solange nous informa de son arrivée. Madame était aux cent coups.

– Elle vient nous reprendre Nini ! Que va-t-elle en faire ? La mettre en pension, si jeune ? Ça risque de lui gâter la vie…

– Rassurez-vous, lui dit monsieur Alexandre. J'ai comme une idée qu'elle ne viendra pas.

Nous l'attendîmes mais elle ne vint pas. En revanche, une semaine plus tard, sans prévenir, elle débarqua à Nohant, toute fringante, parfumée à outrance. Elle passa une heure, Dieu sait pourquoi, à parcourir le château, de fond en comble. Elle s'attarda dans l'atelier des artistes, feuilletant d'un doigt distrait les textes de son frère et les épreuves de monsieur Alexandre, s'irritant de ce qu'on eût transformé sa chambre en salle de spectacle pour une cinquantaine de personnes. Elle se déclara néanmoins ravie de cette visite, se réjouit du goût de sa fille pour les promenades à dos d'âne et les fleurs.

Elle retournait parfois ses humeurs contre Nini. Lors d'un souper, alors que la gamine se plaignait d'avoir chaud, elle lui arracha ses vêtements en s'écriant :

– Et maintenant, tu ne vas plus te plaindre !

Nini était ravie ; madame irritée ; monsieur Maurice hilare.

Telle était madame Solange : imprévisible dans ses choix et dans ses caprices, querelleuse, fort imbue de sa petite personne. Je me dis qu'elle ne resterait pas longtemps parmi nous.

Elle nous apprit un soir qu'elle avait décidé de partir. Elle devait s'attendre à un mouvement de regret de notre part lorsqu'elle nous lança :

– Nous avons fini de souper. Terminez sans nous. Salut la compagnie !

Le lendemain, elle avait oublié l'algarade et l'annonce de son départ. Elle promenait sa fille dans le parc, sur le bourricot, et chantonnait une chanson à la mode. Elle me demanda, comme si madame lui avait caché des secrets, comment se portait Nini.

– Aussi bien que possible, madame, comme vous pouvez le constater.

Elle s'informa de la nourriture qu'on lui donnait, de la qualité de ses selles, de son sommeil, du progrès de ses études. Je la rassurai. Elle sortit de sa ceinture un feuillet sur lequel elle avait inscrit, comme sur une feuille d'ordonnance, une liste de consignes qui me laissa éberluée.

Ce n'est qu'une semaine plus tard qu'elle prit son vrai départ, aussi discrètement que si elle allait chercher du beurre à la ferme, sans dire à sa mère où elle se rendait ni quand elle comptait revenir.

Elle nous laissa des mois sans nouvelles.

La première neige plongea Nini dans l'émerveillement.

Je n'oublierai jamais ce matin de la fin d'octobre où je poussai les persiennes sur un parc poudré à frimas, sous un ciel d'une pureté de source. Après un gros assaut de vent noir, la neige était tombée à gros flocons durant toute la nuit, si bien qu'au petit jour la couche avait atteint l'épaisseur d'une main. Les ramures des cèdres ployaient, comme sur le point de craquer. Dans le silence, le moindre bruit résonnait comme une cloche.

La matinée se passa à des jeux dans le parc, avec Nini et les petites servantes, à confectionner un bonhomme et à se battre à coups de boules de neige. Il fallut se gendarmer pour que la petite consentît à passer à table. Elle mangea d'un vigoureux appétit et s'endormit dans mes bras lorsque je la montai jusqu'au lit.

Une partie de l'après-midi fut consacrée à une promenade en tilbury, chaudement vêtues, jusqu'à Saint-Chartier. Nous en ramenâmes un grand sac de châtaignes que nous fîmes griller le soir même, dans la cheminée.

Au début de la semaine suivante, le froid s'abattit brutalement sur la plaine encerclée de collines basses, que madame, j'ignore pourquoi, appelait la *Vallée noire*, alors qu'à la belle saison elle est verdoyante.

Il fallut s'enfermer dans le château, Nini, sensible aux caprices du temps, s'enrhumant au moindre courant d'air. Pour la distraire, madame lui fit donner par monsieur Maurice des spectacles de marionnettes.

Dès que le temps le permettait, nous reprenions nos promenades dans le parc ou dans le village, autour de l'église. Le jour où Nini constata les dégâts occasionnés par le gel à son Trianon, elle en pleura. Je la consolai en lui expliquant que les gelées étaient bénéfiques pour la terre et que, le printemps revenu, ses fleurs et ses arbustes retrouveraient leurs couleurs et leurs feuilles.

Chaque matin, lorsque je poussais les rideaux de notre

chambre, elle me demandait si le soleil, qui allait réveiller ses plantes, était au rendez-vous.

– Le soleil, ma chérie, il est comme nous : lorsqu'il est fatigué d'avoir bien travaillé, il se couche, sauf qu'il est vieux et qu'il a de longs sommeils.

– Vieux… Comment ? Comme grand-maman ?

– Beaucoup plus, mais il a un avantage sur nous : il ne mourra jamais.

– C'est quoi, mourir ?

– C'est comme prendre de grandes vacances et oublier de revenir…

Maurice se montrait à mon égard un modèle d'assiduité et de tendresse.

Trois à quatre fois par semaine, à pas de loup, il venait me rejoindre dans ma chambre et se glissait comme une ombre dans mon lit, séparé d'un simple paravent de celui de Nini. Nous avions beau tempérer nos ardeurs, il arrivait que la petite, qui avait le sommeil léger, s'éveillât et m'appelât. Je la rassurais, lui disant que j'avais parlé dans mon rêve, et je ne la quittais pas qu'elle se fût rendormie.

Il me savait gré de m'intéresser à ses activités théâtrales et à ses spectacles de marionnettes pour grandes personnes. Lorsqu'il venait d'en tailler une dans du bois de tilleul, après des croquis préalables, il me demandait ce que j'en pensais et tenait souvent compte de mes remarques. Il avait, pour présenter ses comédies, demandé mon concours dans de petits rôles, de soubrettes en particulier. Il s'en montrait satisfait au point que je fus invitée à jouer des personnages plus importants.

Nous avions instauré dans nos relations intimes un consensus strict : éviter de donner l'éveil.

J'avais beau me répéter que ces rapports étaient fautifs, m'interdire de l'aimer comme dans les romans et d'en attendre des satisfactions plus concrètes, je ne pouvais faire que les sentiments ne prissent le pas sur la raison. Je l'aimais, oui, de tout mon cœur, de tout mon corps. Lorsqu'il m'annonçait un voyage à Paris, je redoutais les rencontres qu'il pourrait y faire et qu'il y faisait sûrement, jeune, beau et riche qu'il était.

Depuis des mois, madame parlait de le marier, sans y mettre trop d'insistance. D'un air distrait, elle lui suggérait des partis. Il haussait les épaules, promettait de les examiner puis oubliait, moins sans doute en raison de l'attachement qu'il me vouait que par souci de ne pas aliéner sa liberté. Il manifestait des exigences qui me rassuraient, trouvait aux candidates qu'on lui proposait des défauts et des tares qui n'existaient que dans son imagination.

Et pourtant, je devais en convenir, il faudrait bien qu'à trente ans passés il envisageât sérieusement la fin de son célibat. Avec la servante du château ? Allons donc ! Jamais cette perspective n'effleura mon esprit. Malgré les idées libérales de madame, cette union ancillaire eût ruiné la réputation d'une famille issue d'Aurore de Koenigsmarck et du maréchal de Saxe !

Pour ses séjours dans la capitale, madame se faisait souvent accompagner par son fils et par monsieur Alexandre, qui s'entendaient comme chien et chat mais étaient inséparables.

Dans les réceptions et les repas auxquels ils assistaient, monsieur Alexandre faisait figure de prince consort. Madame l'avait fait admettre aux grands dîners de la princesse Mathilde, le *nec plus ultra* des réceptions mondaines. Le prince Jérôme, qui ne dédaignait pas la fréquentation des artistes et y trouvait même beaucoup de plaisir, le considérait comme un ami. Il consentait même à le rejoindre dans la «cambuse mansardée» de la rue Racine, où monsieur Alexandre avait fait son apprentissage de graveur et que monsieur Maurice avait louée après lui.

Pauvre monsieur Alexandre... Ces séjours ne lui valaient rien, pour ce qui était de sa santé. Il ne quittait sa condition d'esclave à Nohant que pour subir les obligations éreintantes de la vie parisienne. Il en revenait maussade, fatigué et sans ressort pour reprendre ses tâches multiples. Noémie ne s'était pas trompée en redoutant qu'il ne fût phtisique. Il l'était, comme Frédéric Chopin. Ses quintes de toux et le sang qu'il expectorait dans son mouchoir ne laissaient guère de doutes.

Plus personne ne s'offusquait de ses relations avec madame, libres qu'ils étaient de mener leur vie à leur guise. Ce n'était pas autre chose, par le fait, qu'un mariage banal, sans la bénédiction de l'Église et les contraintes de l'état civil, sauf que madame n'était que séparée de son mari, Casimir Dudevant, le divorce n'étant pas concevable. Il n'est que dans certains milieux bigots de La Châtre où l'on trouvât à redire à ce scandale, sans pour autant condamner ce couple à la damnation éternelle.

Ils s'étaient découvert une passion commune empirique : l'entomologie, les papillons étant leur thème favori.

Ils passaient des heures à leur faire la chasse dans le

parc, les prairies et les champs des environs, à mettre des chenilles en couveuse, à surveiller l'évolution des chrysalides. La bibliothèque s'enrichit d'ouvrages de Latreille, d'albums de gravures ; les murs se tapissèrent d'une floraison d'ailes multicolores que madame reproduisait en broderies. La découverte d'une espèce rare était une fête.

On initia Nini au maniement du filet. Elle y prenait un plaisir fou, que je partageais. C'était une joie que de la voir courir, sauter, virevolter en poussant des cris perçants à chaque capture. Elle salivait de bonheur lorsqu'on lui confiait le soin de transpercer l'abdomen de l'insecte avec une petite aiguille, après qu'on l'eut assurée qu'il ne souffrait pas.

Ils avaient pris l'habitude de tenir chaque jour ce qu'ils appelaient leur agenda. Ils se relayaient pour y mentionner le détail de leur collecte, ainsi que divers événements. Ces écrits n'ayant rien de secret, j'en prenais connaissance à mon gré.

J'ai conservé quelques-uns de ces feuillets, identiques à celui-ci :

« *Nohant, 19 décembre 1863. Temps magnifique. Je vais en voiture au bois de Magnier, avec Nini et sa poupée. J'emmène Jean* (un domestique) *sur le siège, avec beaucoup de bêches et de paniers. Nous pataugeons dans la boue, mais nous emportons une magnifique récolte* (de plantes) *pour Trianon. Nini, très gentille, me fait en route beaucoup de questions sur* "ce qu'on devient quand on est mort"... »

C'est la même question que me posait la petite en regardant le soleil « vieux et fatigué » se lever sur le parc.

La procédure accompagnant la rupture de madame Solange et d'Auguste Clesinger allait apporter la désolation dans la famille.

L'avocat du mari avait obtenu que Nini fût retirée à sa grand-mère pour être mise en pension à Paris, chez Mme Burcans, où madame Solange avait été placée jadis. Cette décision frappa de plein fouet toute la maisonnée. En nous cachant de la petite, nous avons pleuré. Habituée que j'étais à la présence de cet elfe de lumière qui avait apporté de l'animation et de la joie dans cette bâtisse, je me dis que je ne m'en consolerais jamais. J'en étais venue à considérer Nini comme ma propre fille. J'étais à la fois sa mère, sa préceptrice, sa servante, attentive à prévoir ou à satisfaire ses désirs et à assumer ses caprices.

C'est monsieur Alexandre et moi qui fûmes chargés de la conduire à sa nouvelle résidence.

Triste et long voyage… Aux questions pressantes de la gamine nous répondions que son absence ne durerait guère, qu'il était devenu nécessaire et urgent qu'elle reçût une éducation convenable et la discipline à laquelle elle avait échappé. Elle reviendrait à Nohant pour les vacances et, plus tard, y resterait aussi longtemps qu'elle le souhaiterait.

Il fallut l'arracher à mes bras, criant et se débattant, pour la confier à cette étrangère qui allait me remplacer. D'une voix entrecoupée de sanglots, elle me dit :

– Marie, tu viendras me chercher lorsque le soleil se sera réveillé. Promets-le-moi, dis ! Promets-le-moi !

Je le lui promis. Le soleil se réveilla, mais Nini était absente au rendez-vous.

Un jour de février de l'année 1855, Clesinger vint prendre sa fille au pensionnat pour une promenade dans Paris. Il faisait encore froid, mais il négligea de la protéger. Au retour, elle toussait et dut s'aliter. Le médecin diagnostiqua une scarlatine.

Une semaine plus tard, Nini n'était plus de ce monde.

La triste nouvelle, qui nous parvint par une dépêche de madame Solange, laquelle avait assisté à la longue agonie de la petite, nous fit l'effet d'un nouveau trait de foudre. Accablée de chagrin, madame garda la chambre trois jours durant, refusant toute visite et toute nourriture, négligeant sa tâche, allongée sur son lit comme une morte.

Une semaine plus tard, alors que le soleil sortait de sa léthargie, elle m'invita à l'accompagner jusqu'au Trianon. Les arbres commençaient à reverdir dans un air tendre comme du pain chaud. Sous la grotte de rocaille, où elle avait planté les nouveaux pieds de violettes et de pervenches ramenées du bois Magnier pour le retour de sa petite-fille, des fleurs émergeaient timidement de la terre boueuse. Elle en cueillit une, la respira, la froissa dans sa main et pleura dans mon épaule.

Quelques jours plus tard, la calèche conduite par notre vieux cocher, le père Sylvain, accompagné de Clesinger, ramena à Nohant le petit cercueil de Nini. Il prit place dans l'enclos funéraire, entre le château et le cimetière de la paroisse. Cet homme qu'on disait à demi fou et violent mêla sans retenue son chagrin à celui de la maisonnée.

Au retour, madame dut s'aliter de nouveau, sérieusement malade cette fois, au point que je crus son dernier jour arrivé. Le médecin la saigna et lui fit prendre une drogue pour l'endormir.

Son premier soin, lorsqu'elle émergea de sa prostration, fut de demander à monsieur Alexandre de réaliser de mémoire des portraits de la fillette et de raconter par écrit quelques épisodes de sa brève existence. Ils y passèrent des heures, apportant sans cesse des détails et des changements aux esquisses, soucieux de lui donner par l'image une nouvelle vie.

Ils finirent par se lasser de ce jeu macabre, persuadés que, quoi qu'ils fassent, ils ne retrouveraient jamais dans leur perfection les traits et les attitudes de Nini.

Madame me dit, dans un soupir :

– Marie, c'est comme si j'étais morte moi-même et que je me débatte dans mon cercueil. J'en ai comme des poignards dans le cœur…

Nous étions assis contre un talus d'avoine sauvage, sur la berge d'un petit étang proche du château, dans le tiède soleil du début de mars, lorsque madame dit à monsieur Alexandre :

– Que dirais-tu d'un voyage ?

– Un voyage ? Pour aller où ?

– Je ne sais pas. Quelque part, au soleil. En Italie, par exemple.

Elle lui rappela qu'elle et Chopin, après leur triste séjour à Valdemosa, aux Baléares, avaient envisagé de faire un long voyage en Italie, en poussant jusqu'à Rome. Ils n'étaient pas allés plus loin que Gênes. Chopin n'avait que peu de temps à vivre et ces randonnées le fatiguaient.

– Oui, Alexandre, j'aimerais revoir l'Italie. L'ennui, c'est que cela coûte cher. Je crains de n'avoir pas l'argent nécessaire, malgré les avances de mon éditeur.

– Je ne suis pas riche, vous le savez, mais je puis mettre mes économies à votre disposition. Cela devrait suffire.

Elle passa un bras autour de ses épaules et l'embrassa.

– Tu es un amour, mon petit *Mancel*. Si je me décide, je compte emmener Maurice. Lui aussi a besoin de changer d'air. À Nohant, il s'étiole au milieu de ses marionnettes, et, à Paris, Dieu sait la vie qu'il mène ! Fragile comme il l'est, il me donne des inquiétudes.

Ce que monsieur Maurice faisait à Paris, madame ne l'ignorait pas : il la tenait régulièrement au courant de ses activités et de ses plaisirs. Un soir, il avait soupé chez le prince Jérôme, avec sa sœur... Il avait été présenté à Edmond de Goncourt chez la princesse Mathilde... Madame attendait la nouvelle qui ne venait pas : celle qui lui annoncerait qu'il avait enfin trouvé chaussure à son pied dans la société aristocratique. Soit qu'il eût le pied difforme, soit que le tendron nobiliaire se fît rare, il revenait toujours bredouille, ce dont je n'avais pas lieu de me plaindre.

Madame Solange, quant à elle, gouvernait son navire dans un océan de blasons, avec des escales sur des îles généreuses. Elle ruinait sa santé dans ces croisières galantes, mais menait un train de princesse.

Jusqu'au moment de son départ pour l'Italie, je m'attendais à ce que madame me proposât de faire partie du voyage. C'eût été alourdir une dépense qui, déjà, à trois, posait des problèmes. Il me fallut déchanter.

Mal rétablie des coups du sort qu'elle avait subis, elle peinait sur la feuille blanche. Devenue maussade et irritable, malgré l'annonce de la publication, dans *La Presse*, de l'*Histoire de ma vie*, elle me rabrouait pour des vétilles, allant jusqu'à me reprocher mes relations avec son fils, pour, peu après, m'embrasser en s'excusant.

Elle semblait ne reprendre ses facultés que le soir,

lorsque le rideau du théâtre se levait sur un spectacle de marionnettes ou de comédie, devant une cinquantaine de spectateurs choisis parmi les amis des environs.

Je la surprenais à s'esclaffer lorsque s'animaient sur le châtelet les personnages de Coquambois, de Balandard, de la belle Ida ou du charmant Léandre qui transposaient dans la *commedia dell'arte* les événements de notre petite société berrichonne.

Avant de quitter Nohant pour son voyage en Italie, madame me confia le soin de purger le château de tout ce qui pourrait, à son retour, lui rappeler la présence de Nini : ses poupées, ses jouets, tout cela au feu ! Je devrais confier ses vêtements à la femme du maire, Mme Périgois, pour les pauvres.

Chaque semaine, un courrier me racontait les péripéties de ce voyage qui, en trois mois, allait mener le trio à Rome.

Dans une de ses lettres, que j'ai conservée, elle me faisait part de sa déception en visitant la Ville éternelle. Curieusement, elle comparait cette cité à une *balançoire* : les monuments grandioses de l'Antiquité, les chefs-d'œuvre des peintres, alternaient avec un fantôme de ville, des quartiers immondes, puants, misérables, « *La Châtre au centuple !* ». Son anticléricalisme se donnait libre cours. Après une visite au Vatican, cette « *caverne de brigands, ce royaume de Satan* », elle vouait aux gémonies un peuple « *agenouillé devant les cardinaux* ». Elle avait, me disait-elle, pris des notes pour un roman qu'elle comptait écrire dès son retour, dans lequel elle déverserait ses désillusions et ses colères. Elle avait déjà trouvé un personnage central éponyme : La Daniella…

Elle ne se montrait guère plus indulgente envers les environs de Rome, jugés «*plats, tristes, déserts*». C'est pourtant là qu'elle découvrit un chemin menant au paradis : celui de Frascati.

Frascati… Ce fut pour elle un enchantement. Elle allait me parler souvent, par la suite, de ce lieu romantique où se succédaient des palais abandonnés, des villas antiques en ruine, des fontaines monumentales… Un rêve de peintres du Quattrocento.

Au bas d'une des lettres de madame, Maurice avait griffonné un dessin de Vénus ou de Diane, avec l'expression de sa tendresse. Il pensait beaucoup à moi et je lui manquais. J'aurais pu en dire autant, sauf que je ne baignais pas dans les splendeurs de Frascati et que la marche de la maison, que je menais avec Noémie, requérait une attention permanente. Je devais me battre contre le temps pour distraire de mes journées quelques heures que je consacrais à la lecture, dans la bibliothèque.

Maurice s'était dissocié du petit groupe pour faire un crochet par la Suisse où il comptait, me disait-il, retrouver, avec le souvenir de Franz Liszt et de Marie d'Agoult, les poignantes harmonies des *Années de pèlerinage*.

Le printemps était dans sa plénitude lorsque madame revint à Nohant, flanquée de monsieur Alexandre.

Ils ramenaient de leur voyage une collection de papillons et une moisson de fleurs inconnues en Berry, que madame alla planter sur la tombe de Nini.

Elle était radieuse et plus tendre que jamais avec son *Mancel* qui lui avait offert ces vacances inespérées. Elle avait perdu du poids et son visage avait bruni. Elle riait en se regardant dans la glace et me disait :

– Regarde, ma petite Marie ! Je suis rissolée et sans une ride. Le soleil de Frascati fait des miracles…

Le lendemain, après une rapide inspection des lieux qui me valut un satisfecit, chacun se remit à sa tâche, comme si, égarés dans un désert, ils venaient de trouver une fontaine : monsieur Alexandre travailla à des planches en retard ; madame à son roman inachevé.

La vie reprit très vite son cours ordinaire, en attendant monsieur Maurice qui prolongeait son voyage dans les montagnes d'Helvétie.

Madame travaillait jusqu'au petit jour et se levait en fin de matinée. Je l'aidais à faire sa toilette et m'occupais de son ménage. Jusqu'au dîner, elle flânait dans la maison ou dans le parc, recevait des visites en bâillant, apprenait les rudiments du solfège au fils d'un jardinier qui voulait faire carrière dans la cornemuse, passait en revue le modeste corps de troupe de ses « pompiers » : des hommes du château et des métairies chargés de veiller aux risques d'incendie et d'intervenir au moindre accident. Une corvée dont son fils et son amant n'étaient pas exempts. Elle tenait à organiser le menu des deux repas, ce qui donnait lieu à des empoignades verbales avec Joséphine, la nouvelle cuisinière, que monsieur Alexandre traitait de «bâton merdeux», tant elle avait le caractère acariâtre.

Lorsque le temps était favorable, nous allions jardiner en sarrau, chapeau de paille et sabots.

Madame consacrait le début de l'après-midi à la lecture du courrier. La chienne Finette, qui attendait chaque matin le facteur au portail, le lui apportait dans la gueule. Elle devait prendre des lunettes, sa vue ayant baissé depuis quelques mois. Elle y passait une bonne heure et, parfois, me dictait des lettres ou me laissait le soin de répondre aux banalités par d'autres banalités.

– Marie, fais comprendre à cet abruti qu'il m'emmerde ! En y mettant les formes, comme tu sais le faire…

En attendant le souper, il lui arrivait de se mettre au piano, de jouer quelques partitions de Bach ou de Mozart, rarement de Liszt et jamais de Chopin, comme pour ne pas réveiller des lamentos d'Ariane. Sans être mélomane, je restais sous le charme de cette musique. Elle me changeait de la seule qui eût baigné mon enfance : celle des cornemusades de fête, à Montgivray ou à Saint-Chartier.

Notre table était toujours bien achalandée : rarement moins de neuf à dix couverts, avec comme convives des gens de passage qui trouvaient normal de s'inviter. Sauf en certaines circonstances, lorsque madame souhaitait faire honneur à des écrivains ou à des artistes, les menus, que nous consommions à la cuisine, étaient sobres mais roboratifs. Joséphine nous préparait des plats rustiques : «fromentée» consistant à habiller de lait du blé crevé, poulet de notre basse-cour rôti au gril, légumes de notre potager, salade à l'huile de noix, fromage de chèvre, tarte aux poires à la crème poivrée... Un ordinaire qui ne variait guère, été comme hiver. Madame le prolongeait souvent avec quelques noix qu'elle cassait à même la table, avec un maillet, dans un petit creux.

Par beau temps, nous allions griller une ou deux cigarettes dans le parc, en poussant jusqu'au Trianon que madame tenait à garder en bon état, comme si Nini allait revenir patauger dans l'eau pour attraper les poissons ou faire des bouquets de violettes et de pervenches.

Parfois, l'espace d'une sieste, madame rejoignait monsieur Alexandre dans sa chambre. Quand nous l'entendions claironner le branle-bas dans l'escalier, nous savions qu'il fallait nous préparer pour la baignade.

C'était pour moi le meilleur moment de la journée. Malgré la chaleur, nous partions pieds nus. Maurice me soulageait de mon fardeau, s'arrêtait pour m'embrasser. Réservé avec monsieur Alexandre auquel l'opposaient parfois des querelles brèves mais violentes, il se montrait disert avec moi, m'entretenait de ses marionnettes et de ses comédies, me demandait mon avis et souvent en tenait compte, me faisait répéter les scènes où j'intervenais.

Un soir de juillet, alors que l'orage crépitait autour de nous et que la pluie nous inondait à travers le toit crevé, nous avons fait l'amour dans notre cabane, près du moulin, comme la première fois, mais avec une ardeur renouvelée.

La plupart des soirées où nos spectacles faisaient relâche se passaient à dessiner ou à réaliser des décors, en engageant des controverses, parfois animées, sur leur conception. Nous faisions des lectures de textes de Balzac, qui avait honoré jadis Nohant de sa présence, de poèmes de Victor Hugo ou d'Alfred de Vigny. Madame, ses lunettes au bout du nez, brodait de papillons des coussins ou des dossiers de sièges, taillait et cousait des costumes de scène pour nous ou les marionnettes.

Cette ambiance sereine et féconde me plaisait. Si madame n'y avait mis un terme pour aller retrouver ses écrits, j'y aurais volontiers passé le reste de la nuit.

Car, pour elle, la veille n'avait fait que commencer. Elle s'installait en chantonnant à sa table de travail, « son bureau et son bourreau », disait plaisamment monsieur Maurice. Nous l'y précédions comme pour une procession religieuse, monsieur Alexandre portant la lampe à pompe, veillant à ce qu'elle ne manquât de rien, l'embrassant et lui souhaitant la bonne nuit. Je disposais sur la table la théière, le verre d'eau, les fruits et quelques gâteries qu'elle grignotait pour se détendre.

Parfois, elle me disait :

– Si tu n'as pas trop sommeil, reste encore un peu, ma chérie. Assieds-toi. Je vais te lire mon dernier chapitre.

Elle lisait d'une voix lente et monocorde, un peu masculine, s'interrompait et, me regardant par-dessus ses verres, quêtait mon avis. Je le lui confiais sans concession, ce qu'elle n'eût pas apprécié, mais sur un ton respectueux.

– Vraiment ? Tu trouves cette phrase un peu maladroite ? Bien... Bien... Trop d'adverbes ? Tu as sans doute raison. Je vais en biffer quelques-uns. Tu trouves ce portrait trop vite expédié ? Merde, alors, moi qui croyais... Bien... Je vais y ajouter quelques détails...

Elle ne voyait en moi rien d'autre qu'une lectrice ordinaire, celle qui lisait ses feuilletons dans *La Presse* ou la *Revue des Deux Mondes*. J'étais bien incapable de corriger ses erreurs de syntaxe et d'apprécier son style, mais j'étais sensible à l'harmonie d'une phrase, à la beauté d'une image, à la vérité d'une expression. C'était pour moi comme une chanson.

Elle me disait :

– Tu m'es plus utile que mon fils ou que *Mancel*. Ces deux-là jugent mes écrits en intellectuels, comme s'ils étaient réservés aux snobs du quai Conti, du faubourg Saint-Germain ou aux critiques du *Figaro*. J'apprécie ta franchise et ton bon sens.

Elle n'interrompait sa tâche nocturne qu'au chant du coq.

Parfois, au milieu de la nuit, je me levais et, à travers l'ombre, j'entrebâillais sa porte pour la regarder travailler, sa cigarette au coin des lèvres, sa main d'adolescente courant sur la page. Parfois elle se levait, cambrée, les mains aux hanches, se portait vers la fenêtre pour écouter le rossignol ou se baigner dans le clair de lune.

Un soir, avant de me renvoyer à ma chambre, elle évoqua un souvenir récurrent, qui l'obsédait. Il remontait aux temps des amours difficiles entre la comtesse Marie d'Agoult et son amant, Franz Liszt.

– Je me souviens, me dit-elle, de cette nuit d'août. Nous écoutions dans le salon Franz nous jouer ses *Caprices poétiques*. Marie s'est éclipsée discrètement pour aller faire quelques pas dans le parc. Il faisait un de ces clairs de lune qui donnent envie de se mettre au piano ou de faire l'amour. Je n'oublierai jamais cette image de Marie : elle marchait à pas lents sur la pelouse, sous une nuée de phalènes qui lui faisaient une auréole, comme si elle dansait. On aurait dit, avec le voile blanc qui lui faisait des ailes, une mouette prête à prendre son vol…

Marie d'Agoult avait sombré dans l'oubli. Elle avait vainement tenté de renouer des liens amicaux avec madame, prête à passer l'éponge sur leurs différends et leurs querelles et à faire pour son propre compte amende honorable. Elle avait tant dit de vérités et de mensonges sur sa compagne, que cette dernière avait fait la sourde oreille. Marie d'Agoult était morte sans qu'elles se fussent réconciliées.

Je serais bien en peine de décrire par le menu les rapports intimes entre madame et celui qu'elle appelait son petit *Mancel*. Ils étaient un modèle de discrétion.

Monsieur Alexandre me rappelait ce petit marchand d'étoffes de La Châtre, chez qui nous allions nous approvisionner pour nos costumes de scène. Il se tenait derrière son étal, juché sur un escabeau qui le mettait au niveau de ses clients. Menu, timide, visage d'enfant triste, il s'exprimait d'une voix atone et par gestes lents et compassés. Au milieu de ses coupons, il ressemblait à une grosse araignée.

Image un peu forcée, j'en ai conscience, mais qui me rappelle le dernier amour de madame, et celui qui lui causa le moins de tourment. Passé les orages qui avaient accompagné ses passions pour Jules Sandeau, Alfred de Musset et Frédéric Chopin, monsieur Alexandre baignait sa vie d'une lumière un peu terne mais bienfaisante et propice à son œuvre.

Je ne me souviens pas de la moindre querelle qui pût ébranler leur liaison. Il ne manquait pas de caractère, mais, lié à sa maîtresse par une sorte de dévotion, il ne l'exprimait qu'en catimini.

Il avait trouvé en monsieur Maurice un collaborateur assidu et un compagnon de voyage lié à lui par une amitié à éclipses. Dans l'esprit de monsieur Maurice, un sentiment plus intense aurait impliqué une complicité avec l'amant de sa mère. Il s'y refusait et gardait ses distances. Le complexe œdipien qui l'attachait à madame suscitait en lui une jalousie aggravée par une cohabitation permanente. Il était trop jeune pour avoir éprouvé ce sentiment envers Musset, et n'en avait pris conscience que lors du séjour à Valdemosa avec Chopin. Il avait souffert de voir la vie à Nohant s'organiser autour de ce couple insolite et s'était senti écarté, non de l'affection de sa mère, mais de ses préoccupations quotidiennes, où il n'avait qu'une place secondaire.

De cette jalousie latente qui compromettait en permanence la sérénité de notre existence, j'avais reçu quelques éclats qui m'avaient blessée.

Un jour, une quinte de toux secoua violemment monsieur Alexandre. Je le raccompagnai à sa chambre en le soutenant et lui préparai une tisane de mauve. Maurice me reprocha cette attention, qu'il jugeait suspecte.

– J'ai parfois l'impression, me dit-il d'une voix

grinçante, que tu l'aimes plus que moi. Tu es aux petits soins pour lui, tu lui parles à l'oreille. Pour lui dire quoi ?

– Il est malade et je le soigne. Qu'y a-t-il de répréhensible ? Il n'y a aucun secret entre nous, je vous le jure.

– Allons donc ! Tu ne le soignes pas, tu le cajoles !

– Comme je ferais d'un enfant. Comme je faisais de Nini. Comment pourrais-je m'éprendre de ce pauvre garçon ? Je serais bien folle. Il m'inspire un peu d'amitié et beaucoup de pitié. Madame ne s'est jamais montrée offusquée des soins que je lui donne, alors que vous…

Il bouda durant une semaine, sans que je m'en inquiète, sachant que cela ne durerait guère et que, le soir venu, il regretterait mon absence. L'indifférence que je faisais mine de lui témoigner l'incita à revenir vers moi. Lui eussé-je montré du dépit, il en aurait profité pour accentuer son ascendant sur moi.

Par une chaude soirée d'août où je l'avais suivi dans une promenade aux Buissons, hameau proche du moulin de Montgibault, sur le bord de la Vauvre, il me fit asseoir dans l'herbe, près de lui.

– Arrêtons ce manège, Marie. Quand cesseras-tu de faire la tête ?

– Vous me la baillez belle, monsieur ! C'est donc moi qui boude ? Avez-vous oublié votre scène de jalousie ? Moi pas.

– Tu l'as prise trop au tragique. Elle aurait dû te montrer que je tiens à toi.

– Je suis heureuse que vous me le disiez. Cette scène était superflue. La jalousie n'est pas une preuve d'attachement, que je sache.

J'allais dire « amour » au lieu d'« attachement ». Maurice me fit jurer qu'il n'y avait rien de trouble dans mes rapports avec monsieur Alexandre. Je n'allais pas lui avouer, au risque de déclencher sa colère, qu'à diverses reprises l'affection qu'il me témoignait avait, discrètement, passé les bornes, sans que je prenne au sérieux ses baisers pudiques, ses caresses anodines et ses badinages.

Madame avait donné, du bout des lèvres, son accord tacite, sinon sa bénédiction, à nos relations intimes, et ne m'en parlait pour ainsi dire jamais, même par allusion. Lui arrivait-il de surprendre, de sa part ou de la mienne, une parole ou une attitude équivoque, elle haussait les épaules avec un sourire de complaisance, sinon de complicité.

Elle suivait son idée : marier son fils. Lorsque je la voyais partir pour Paris, je me disais qu'elle allait en revenir avec la nouvelle que je redoutais et qui allait bouleverser ma vie.

Lorsque mon mois tardait, je vivais dans l'angoisse. J'aurais dû me résoudre, si l'une de ces alertes était fondée, à provoquer une fausse couche. Si j'avais décidé de garder cet enfant, j'aurais dû faire mon baluchon, aller me louer ailleurs ou retourner à Montgivray, deux perspectives qui me donnaient des sueurs froides. Ma mère était à l'agonie ; il ne restait avec elle qu'un frère un peu innocent et une fille dont aucun homme n'aurait voulu. Mes autres frères et sœurs s'étaient mariés et vivaient dans les environs.

Noémie m'avait prévenue.

– Tu ne t'imagines tout de même pas que monsieur

Maurice va t'épouser! Tu as bien de la chance que madame tolère cette situation. Si j'avais été à sa place, il y a beau temps que j'y aurais mis bon ordre, mais gare au retour de bâton!

Elle me révéla qu'elle avait été, dans sa jeunesse, alors qu'elle n'était qu'une petite servante encore naïve, sujette aux entreprises du mari de madame, monsieur Casimir, et que, menacée d'être renvoyée, elle avait cédé à contrecœur et sans éprouver autre chose qu'un profond dégoût.

– Cet homme était une brute. En l'absence de madame, il ne se contrôlait plus. Au retour de l'auberge, pris de vin, il pénétrait dans ma chambre et, sans prendre le temps de se déshabiller, entrait dans mon lit et me violait, c'est le mot qui convient. Je n'étais pas la seule à subir ses caprices. Toutes les filles de la maison y passaient, même les vieilles. J'en connais quelques-unes qu'il a engrossées et renvoyées en les traitant de salopes.

– Et madame, comment réagissait-elle ?

– Elle était la plupart du temps à Paris. Quand elle revenait à Nohant, elle recevait en cachette, la nuit, dans sa chambre, celui qu'elle appelait « son petit Jules », je veux parler de Sandeau, qui habitait dans les environs. Elle aurait eu mauvaise grâce de reprocher ses écarts à son mari.

C'est alors qu'elle me révéla que madame Solange n'était pas la fille de Casimir.

– Celle de Jules Sandeau ?

– Non. Elle a fauté avec un certain Stéphane Ajasson de Grandsagne, un nobliau rencontré dans les salons de Paris. Monsieur Casimir n'en a jamais rien su, du moins je le présume…

La carrière littéraire de madame faisait alterner les succès et les déboires.

Au triomphe de certaines de ses pièces s'ajoutaient les ventes rémunératrices de ses feuilletons, ceux, notamment, publiés dans *La Presse*. En revanche, le roman qu'elle avait ramené d'Italie : *La Daniella*, dans lequel elle donnait libre cours à son anticléricalisme, avait suscité un tel tollé dans l'opinion que ce même journal, qui le publiait par fascicules, aurait dû fermer ses portes sans l'intervention de l'impératrice Eugénie.

Je lus dans le journal local l'admission à l'Académie française de Jules Sandeau. Madame se contenta d'en rire : son ancien amant n'avait jamais brillé par le génie, mais ses romans à l'eau de rose plaisaient aux lecteurs, et surtout aux lectrices.

L'« Illustre Compagnie » décernait chaque année à un auteur le prix Gobert, doté d'une somme importante. Madame, en vertu des rumeurs qui lui parvenaient, s'attendait à être lauréate. Il lui passa sous le nez. C'est un homme nourri dans le sérail de la politique plus que de la littérature qui en fut l'heureux bénéficiaire : Adolphe Thiers. Lorsque l'Impératrice, outrée de ce choix, proposa à sa protégée de lui faire obtenir un fauteuil à l'Académie, madame regimba, jugeant cette Compagnie « vieillotte et inactuelle ». L'Empereur lui proposa une autre compensation : la même somme prise sur sa cassette personnelle. Elle refusa dignement.

Ces nouvelles, bonnes ou mauvaises, passaient sur nous comme des vagues venues du large avec des alternances d'ombre et de lumière. Elles réjouissaient ou peinaient madame sans affecter sa sérénité et la régularité de sa tâche quotidienne. L'annonce d'une guerre ou d'une révolution n'aurait pu l'arracher, comme elle l'eût fait jadis, à son bureau. Chaque matin, en rangeant son lieu de travail, je trouvais la liasse des vingt ou trente feuillets que cet oiseau nocturne avait égrenés et, dans la coupelle, un amoncellement de mégots…

5

Marier Maurice…

L'année 1862 fut la plus sombre de mon existence, du moins à cette époque où je me plaisais à croire que ma condition, tissée de petits bonheurs, allait perdurer.

Monsieur Maurice venait d'avoir trente-huit ans et sa mère approchait de la soixantaine quand on reparla, cette fois sérieusement, de mariage. Madame se refusait à l'idée de disparaître sans être assurée d'une descendance. Il ne fallait plus compter sur Solange : elle papillonnait dans un cercle d'admirateurs généreux et se moquait de procréer de nouveau.

Des rumeurs de manœuvres plus ou moins secrètes avaient transpiré. Madame ne désarmait pas. Sa correspondance en témoignait, mais, soit que monsieur Maurice ne tînt pas à se placer sous le joug, soit qu'il se montrât trop exigeant, aucun projet n'aboutissait.

J'eus connaissance de la lettre adressée à un ancien précepteur de monsieur Maurice, Jules Boucoiran, qui demeurait à Nîmes. Madame lui confiait le soin de découvrir pour son fils la perle rare, non dans les milieux « dévots et légitimistes » mais protestants. Elle souhaitait qu'il trouvât « *une charmante personne, ayant des goûts sérieux, une figure agréable, de l'intelligence, une famille honnête, qui ne prétendrait pas enchaîner le jeune couple à ses idées et à ses habitudes* ». Un parangon des vertus matrimoniales en quelque sorte… Madame ajoutait : « *Pour les prétentions d'argent, nous pourrions en rabattre.* »

Sur le chemin de la Toison d'or, ce modeste Jason de Boucoiran informa sa correspondante qu'il venait de faire la découverte qu'elle attendait.

Marcelina Calamatta, que tout le monde appelait Lina, n'avait pas vingt ans. Elle était la fille d'un célèbre graveur, élève d'Ingres, spécialisé dans la reproduction des œuvres des peintres italiens du Quattrocento. Il affirmait courageusement des opinions de républicain et de libre penseur et avait élevé sa fille dans ces idées, à la suite d'une séparation d'avec sa femme, bigote et autoritaire.

Ce n'était pas la perspective d'un mariage avec carrosse et laquais, mais, ni d'une part ni de l'autre, ce détail n'entrait en considération. Lina fut agréée.

J'avais eu beau me répéter que ma liaison avec Maurice aurait une fin, la nouvelle m'affecta profondément. Madame se moquait de mes états d'âme, mais Maurice fit preuve de compassion. Il me tenait, avec une mine condescendante, informée des progrès de l'affaire et tentait de me rassurer. Consciente qu'il allait m'échapper, je m'attachai à raréfier peu à peu nos rapports intimes.

Il pleura, le soir où je lui dis, après une étreinte où j'avais mis toute ma flamme :

– Il faut renoncer dès aujourd'hui à nous retrouver. Puisque votre mariage est décidé, mieux vaut tout arrêter. Toute insistance de votre part serait inutile.

Il balbutia d'une voix mouillée :

– Ma petite Marie, rien ne dit que cette fille que je ne connais pas me conviendra. Il se peut qu'au dernier moment je me dérobe, comme pour les autres projets de ma mère. Patiente, je t'en prie. Entre nous, ça ne peut finir aussi brutalement. Je t'aime, tu le sais…

C'était la première fois qu'il me livrait cet aveu. J'en fus retournée, mais, ma décision prise, je m'y tins farouchement. Plusieurs soirs, par la suite, il vint gratter à ma porte, au milieu de la nuit, mais je m'en tins à ma résolution. Qu'il usât d'une parade d'indifférence, voire de froideur, ne faisait pas illusion : il souffrait autant que moi de cette rupture. Quant à compenser par quelques faiblesses l'éventuel échec du couple, il devrait y renoncer.

Lina se posa à Nohant comme un oiseau des îles emporté par la tempête.

D'emblée, avec le plus grand naturel, elle séduisit toute la maisonnée, à commencer par moi. Madame était conquise d'avance et monsieur Maurice céda au premier sourire. À peine eut-elle fait le tour du propriétaire et se fut promenée dans le parc, elle avait investi les lieux. Cette créature menue, brune, aux grâces de tanagra, était la séduction même. Noémie, qui voyait cette intrusion d'un œil perplexe, fut elle aussi conquise.

Plus jolie que moi, Lina ? Plus intelligente ? Je ne

saurais le dire. Son visage au teint bistre, coiffé d'une chevelure andalouse, avait la grâce un peu froide d'une statue grecque, mais, dès qu'elle souriait ou qu'elle prononçait quelques mots de sa voix chantante de Provençale, on ne pouvait que céder à son charme.

Lina était pour madame une bru sur mesure. Lettre à Boucoiran :

« *Lina, c'est une nature, un type : ça chante à ravir, c'est colère et tendre, ça fait des friandises succulentes et, chaque jour, ça organise une fête…* »

En colère, Lina ? Je ne lui connus que de rares mouvements d'humeur contre notre cuisinière, Joséphine, qui ne voulait pas se laisser imposer la cuisine à l'italienne, et contre Noémie qui supportait mal ses négligences vestimentaires et son aimable désordre.

Je me fis très vite une amie de Lina, et elle se prit de même de sympathie pour moi. Les rumeurs qui couraient dans la domesticité lui avaient-elles révélé ma liaison avec son fiancé ? Rien, dans son comportement, ne le laissait supposer. Elle était avec moi d'humeur égale et volontiers portée à la confidence.

Le mariage eut lieu à Nohant, sans la bénédiction du curé, ce qui choqua les milieux bourgeois de La Châtre. Les gens du village, eux, s'en moquaient. Ils avaient trop d'affection envers la « bonne dame » pour lui en vouloir de cette hérésie.

Lina s'inséra naturellement dans notre quotidien : les activités théâtrales, les promenades, les baignades dans l'Indre ou la Vauvre, la chasse aux papillons, jusqu'aux recherches archéologiques, le nouveau dada de son mari et de monsieur Alexandre, qui bouleversaient le sol autour de l'église, à la découverte de sarcophages.

Certains soirs où une brume de nostalgie embuait son esprit, Lina me parlait de sa vie dans les environs de Nîmes, des paysages si différents de ceux qu'elle avait découverts à Nohant, de ses amies, de son père, qu'elle vénérait. Elle me parlait aussi de sa mère, dont les exigences en matière de bigoterie avaient gâté sa jeunesse, et qui avait fini par se retirer au couvent pour échapper aux diableries de son époux.

Très vive de nature, et affectueuse, elle me sautait au cou à tout bout de champ avec une spontanéité étourdissante, en m'appelant, sans la moindre connotation équivoque, « ma chérie » ou « mon Grelet d'amour ». J'imagine que, privée de l'affection d'une mère possessive et des soins de son artiste de père vêtu de rose, elle avait trouvé à Nohant une famille à sa convenance.

Un soir, au cours d'une promenade autour de l'église, à quelques semaines de son mariage, elle me confia qu'elle n'avait accepté cette union que parce que son promis était le fils de George Sand, dont elle connaissait la notoriété et dont elle appréciait le talent.

Elle osa me dire :

– Somme toute, c'est la mère que j'ai épousée, plutôt que le fils.

En conclure que ce mariage, basé apparemment sur une imposture, ne tenait qu'à un fil, eût été prématuré. Les deux époux s'entendaient sans afféterie comme les pigeons de la fable, roucoulaient et se bécotaient sans se soucier des autres, pas même de moi, ce qui donnait la mesure de la désinvolture de Maurice à mon égard. Elle avait pris les rênes de leur couple, bousculait son mari lorsqu'elle le devinait hésitant à prendre une décision, le fustigeait de locutions populaires italiennes dont il ne faisait que rire. Elle n'aimait guère ses peintures, qu'elle disait goudronneuses, ses gravures qu'elle jugeait sinistres. Seuls ses dessins trouvaient grâce à ses yeux.

Un frisson de joie parcourut toute la maisonnée lorsque Lina, rose de bonheur sous ses cheveux ébouriffés comme par une bourrasque, annonça qu'elle attendait un enfant. Madame la serra dans ses bras et lui dit, avec des larmes dans la voix :

– Prends garde, ma fille, fais-moi un garçon, sinon je te renie !

Ce fut un garçon.

Marc-Antoine naquit le 14 juillet de l'année suivant leur mariage. Pour marquer cette coïncidence fortuite avec la fête patriotique et républicaine, monsieur Maurice fit tirer une salve d'un canon miniature. On ondoya l'enfant sur une bassine de vin.

Entre ces deux dates : celle des premières démarches de madame et celle du mariage, la santé de ma maîtresse nous avait donné des inquiétudes sérieuses.

Elle venait de s'attaquer à un nouveau roman : *La Famille de Germandre,* histoire d'un noble berrichon ruiné qui revenait à la charrue, quand elle avait dû s'aliter, en proie à une fièvre tenace. Le docteur Vergne diagnostiqua une typhoïde, maladie, me dit-il, dont on ne guérit que huit fois sur dix, et dont on porte longtemps les séquelles, si l'on en réchappe. Au cours de sa dernière baignade, à la mi-octobre, madame avait dû avaler une gorgée d'eau de la rivière.

Elle me montra son abdomen envahi par un semis de points roses. Les remèdes de bonne femme que lui fit absorber Noémie n'ayant pu la soulager de sa fièvre et de ses maux de tête, il fallut de nouveau faire appel à des saignées qui ne se montrèrent guère plus efficaces.

Madame resta une semaine entre la vie et la mort.

En émergeant de ses limbes, elle me confia qu'elle avait été en proie à des hallucinations qui la poursuivaient en état de veille, comme si elle vivait des scènes de ses romans.

– J'étais transformée en un arbre mort, gigantesque, dans lequel mes personnages sautaient de branche en branche comme des singes, tandis que d'autres se jetaient du haut d'une tour. Je tentais de les arrêter, mais ils n'en faisaient qu'à leur tête. Comment interpréter cela, Marie ? Est-ce que je deviens folle ?

– Rassurez-vous, madame : ce n'était qu'un cauchemar.

Elle était encore, sur la voie de la guérison, sujette à des maux de tête et à de nouveaux accès de fièvre. Monsieur Alexandre lui proposa de faire un nouveau voyage, « pour changer d'air » et d'ambiance.

Il avait mal vécu cette maladie, passant ses nuits sur un lit de sangle proche de celui de sa maîtresse, dans la chambre bleue. Il ne dormait que d'un œil, mis en alerte par les propos incohérents de la malade et les cris qu'elle poussait dans son délire.

– Que vais-je devenir s'il lui arrive malheur ? me dit-il. Je n'ai plus de parents sur qui je puisse compter pour m'héberger, et pas de vrais amis à Paris. Ma famille était ici. Je n'en retrouverai jamais une autre.

Je le rassurai de mon mieux : il pourrait subsister grâce à ses gravures, se faire des connaissances et des amis s'il dans la capitale. D'ailleurs, qui pouvait dire si monsieur Maurice consentirait à se séparer de lui ? L'aide qu'il lui apportait était précieuse et même indispensable.

– Madame guérira très vite, ajoutai-je. Elle a une robuste constitution et une volonté de fer. C'est important, la volonté, quand on est malade.

Un matin, en émergeant de ses limbes, madame fronça les sourcils en constatant la présence de monsieur Alexandre, qui rattrapait son sommeil perdu.

– Qu'est-ce qu'il fait là ? me dit-elle. J'en ai ma claque de ses jérémiades. S'il s'imagine que je suis à l'agonie, il se goure !

Elle fut bien aise de retrouver son garde-malade, à quelques jours de là, lorsqu'une crise de coliques néphrétiques la terrassa. Elle souffrait tant que le docteur Vergne lui fit absorber de l'opium.

Quelques notes de monsieur Alexandre sur son agenda :

« *À quatre heures du matin le froid l'a prise. J'ai peur de la fièvre. Oui, c'est bien la fièvre : on le voit au moral…* »

« *Madame est plus aimable ce soir…* »

« Ce matin, elle n'est pas de très bonne humeur, ce qui signifie que son foie la travaille... »

Monsieur Alexandre usait d'euphémismes en parlant de cette humeur : en fait, elle était exécrable. Il était le premier à en subir les conséquences. Moi de même, mais avec moins de virulence. Lina en était exemptée.

Après un après-midi à « voyager sur les cartes », madame porta son choix sur la Provence. On partirait dans les premiers jours de février. Elle me dit :

– Je n'ai aucune confiance dans ce pleurnichard de *Mancel* pour me servir de garde-malade, et Maurice a d'autres préoccupations. Tu me comprends... J'ai donc décidé que tu nous accompagnerais.

Cette invitation péremptoire me prit de court, mais me ravit. Je n'avais fait d'autre voyage que de brefs séjours à Paris pour soulager ma maîtresse de quelques corvées. Comme elle, j'en avais assez de ces interminables journées de pluie et de froid qui nous confinaient dans le château, à regarder par la fenêtre les averses balayer les arbres du parc. La Provence m'ouvrait une perspective de soleil et de mer éblouissante.

Envoyé en éclaireur, monsieur Maurice découvrit à Tamaris, près de Toulon, une villa en bord de mer. Aussitôt, branle-bas de combat ! Madame écrivit sur son agenda :

« Manceau est comme une châtaigne dans le feu : il saute, pète, met tout en feu. Il fait des comptes, paie, monte, descend, parle, crie, s'éreinte et ne grogne pas... » Sous-entendu : il acceptait « *ses récriminations et ses coups de gueule...* ». Je ne fais que transcrire en le respectant le langage trivial dont madame usait avec tous.

Nous sommes restés neuf semaines dans la villa *Les Bruyères.*

La santé de madame s'améliorait lentement. Elle souffrait encore de fièvre, de nausées, de maux de tête et d'insomnie. Pour comble de misère, des pluies froides et cinglantes montaient de la mer grise, et le mistral, dès qu'il avait purgé le ciel, faisait tonner, sur les collines d'oliviers et de pins, une colère qui nous interdisait toute promenade.

Madame passait des journées sans mettre le nez sur la terrasse. Elle travaillait aux derniers chapitres de *La Famille Germandre* avant de commencer un nouveau roman: *Valvèdre*, dont elle écrivit une centaine de feuillets en l'espace d'une journée. Avant la fin de ces vacances, elle l'avait achevé et en avait commencé un autre: *L'Homme de campagne.* Une telle prolificité nous laissait béats de surprise et d'admiration.

Février nous réserva quelques journées ensoleillées et calmes. Nous les mîmes à profit pour collecter des plantes inconnues à Nohant et chasser des papillons qui ne venaient pas se perdre dans la campagne berrichonne.

Agenda de monsieur Alexandre, début mars:

«Je suis naturellement garde-malade, avec Marie. C'est peu gai, mais c'est là ma plus chère occupation. Ce qui m'embête, c'est que, les jours de santé, on va se promener et que, moi, je me hâte de me fourrer dans mon exécrable travail de gravure, que le Ciel confonde! Je commence à croire qu'avec tous les déplacements et dérangements, je ne terminerai jamais. Alors, quelle tuile!»

Ces promenades dont il parlait nous conduisirent au fort qui domine la rade de Toulon, à la visite d'un navire de guerre, à des incursions dans des villages des environs, à des petits ports. Comme il le faisait jadis aux Baléares, monsieur Maurice prenait croquis sur croquis. Chaque jour il adressait un courrier à Lina, qui était restée à Nohant pour s'occuper du petit Marc-Antoine.

À la fin du mois d'avril, nous reçûmes la visite du prince Jérôme qui embarqua monsieur Maurice pour l'Algérie, à bord de son navire à vapeur. Il laissait aux *Bruyères* sa mère patraque et son compagnon, qui n'allait guère mieux. J'avais assez à faire à passer de l'un à l'autre avec des pilules et des tisanes.

– Madame me fait pitié, me disait monsieur Alexandre. Malgré ses maux, elle s'obstine à écrire. Qu'est-ce qui pourrait la décourager? Ce matin encore, elle a de la fièvre. Et tu as vu sa mine ?

– Ce pauvre *Mancel*... soupirait madame. Il tousse de plus en plus et ça me navre. La chaleur qui me convient lui est contraire. Son mal de poitrine risque de lui jouer un mauvais tour. Il me rappelle Chopin à Valdemosa. Il va falloir que nous songions à abréger nos vacances...

Je ne quittai pas sans regret ces lieux paradisiaques, ce décor de falaises escarpées, cette mer du printemps, séduisante malgré ses colères, ces collines d'où, le soir, venaient jusqu'à notre terrasse des odeurs balsamiques. J'abandonnai avec tristesse la crique déserte où, chaque après-midi, j'allais me baigner nue et somnoler au soleil, allongée comme une sirène sur un rocher ou sur la grève.

Sur le chemin du retour, madame souhaita faire un détour par Chambéry. Elle voulait visiter la maison des

Charmettes qui, jadis, avait abrité les amours de Mme de Warens avec le petit Jean-Jacques Rousseau, dont il parle dans ses *Confessions*. Peut-être, en se promenant dans la demeure, le jardin et les prairies voisines couvertes de hautes herbes, assimilait-elle son goût pour les hommes plus jeunes qu'elle à une constante de sa vie sentimentale, et son propre destin à celui de la protectrice du futur écrivain.

Nous venions de retourner à Chambéry lorsque monsieur Alexandre s'affaissa au milieu de la route, victime d'un malaise.

Il était temps de retourner à Nohant.

Une lettre de monsieur Maurice nous attendait. Il nous annonçait que son voyage en Algérie se poursuivrait le long des côtes du Portugal et de l'Espagne et que le prince Jérôme comptait, de là, traverser l'Atlantique. Il envisageait de retourner en France à la mi-octobre. Lina se montra affligée de cette nouvelle, mais prit son mal en patience.

Plusieurs ouvrages de madame se succédèrent à cette époque : *Valvèdre*, *La Famille Germandre* et, dans la *Revue des Deux Mondes*, un petit ouvrage intitulé *Tamaris*. Au retour de Maurice, elle l'aida à travailler sur la relation de son voyage, qui parut avec pour titre : *Six mille lieues à toute vapeur*.

L'été fut marqué par des visites d'écrivains. Ils apportèrent une heureuse diversion à une existence contrariée par les séquelles de la typhoïde de madame, le mauvais état de santé de monsieur Alexandre et l'absence de Maurice.

En juin, l'écrivain et peintre Eugène Fromentin séjourna une semaine au château. Madame avait lu et aimé son premier roman : *Dominique*, qui racontait une passion malheureuse du temps de son adolescence. Elle avait lu avec le même intérêt le récit de ses voyages au Sahara et dans le Sahel, et lui avait dit le plaisir qu'elle aurait à le recevoir.

Nous avons passé des soirées à l'écouter relater ses aventures et à feuilleter les carnets de croquis d'où étaient nées des œuvres picturales moins vives et éclatantes que sa prose.

Il convenait d'ailleurs qu'il aimait davantage écrire que peindre. Il nous disait :

– Peindre m'ennuie. Cela demande trop d'effort. En revanche, ce petit battement de cœur, au réveil, devant la page blanche, cette petite fièvre qui s'empare de moi en prenant la plume, je trouve que c'est terriblement excitant. Mais vous connaissez cela, madame Sand…

Il nous révéla que, doté d'une mémoire fabuleuse, il ne prenait jamais de notes, qu'il retrouvait ses impressions et ses émotions toutes fraîches dans sa tête, après des mois.

C'était un homme dans la plénitude de son charme. J'y fus d'autant plus sensible que, tout le temps de son séjour, il me manifesta une attention qui me flattait. Il avait cet « œil circonflexe » dont les frères Goncourt parlent dans leur *Journal*, une allure un peu frêle, la chevelure discrètement grisonnante de la quarantaine, une voix aussi grave et posée que son écriture.

Un soir, dans le parc, au cours d'une promenade jusqu'au Trianon, il me parla de lui, de sa solitude sentimentale, et m'interrogea sur ma condition. C'était un appel du pied auquel je ne répondis pas. Il vint gratter à ma chambre comme un chat perdu, en murmurant mon nom.

Je ne lui ouvris pas, peu soucieuse, malgré l'envie que j'en avais, de m'engager dans une affaire sentimentale sans lendemain.

C'est le lendemain, justement, qu'il nous quitta.

Alexandre Dumas, le fils du grand romancier, répondit à son tour à l'invitation de madame.

Ils étaient entrés en relation depuis des années et s'écrivaient souvent. Leur amitié frisait l'affection : elle l'appelait « mon cher fils » et lui « maman », comme Mme de Warens et Jean-Jacques. Cette familiarité n'avait rien d'insolite : il avait vingt ans de moins qu'elle et ils partageaient les mêmes conceptions de la littérature et du théâtre.

Il arriva en septembre, accompagné de sa maîtresse, la princesse Nariskine flanquée de sa fille, et d'un vieil ami, Charles Marchal, qu'il présenta comme son « chien terreneuve », et qui avait, disait-il, « une corpulence et de l'esprit comme quatre ». Il commençait à se faire reconnaître comme peintre.

– Ne vous tracassez pas pour lui, nous dit M. Dumas. Il peut coucher n'importe où : dans le poulailler, sous un arbre, dans une grange à foin… C'est un brave garçon, peu encombrant malgré sa carrure d'athlète de fête foraine…

Madame avait rencontré M. Dumas à l'occasion de la première de *La Dame aux camélias*, près de dix ans auparavant. Il lui avait donné de judicieux conseils à propos de ses pièces de théâtre, et notamment du *Marquis de Villemer*. Lorsqu'il lui avait rapporté ses lettres à Chopin, miraculeusement retrouvées en Pologne, elle avait reconnu dans ce geste les prémices d'une solide amitié. Elle a été sans ombre.

Je garde de ce séjour le souvenir d'une animation intense qui fut la bienvenue. Les journées se passaient à des parties de cochonnet dans une allée du parc, à des excursions en tilbury sur la route de Châteauroux et d'Argenton, à des baignades dans l'Indre, à des repas plantureux et généreusement arrosés, à des veillées consacrées à faire de la musique ou à déclamer des comédies.

Marchal payait son écot par ses histoires drôles, ses chansons de corps de garde et ses facéties, souvent d'un goût douteux, mais qui amusaient madame et tiraient à Lina des sourires indulgents. S'il avait « de l'esprit comme quatre», c'était celui d'un fort des Halles. Il se complaisait dans des plaisanteries grivoises, organisait des concours de flatulences, dissertait avec des mines de praticien sur la qualité de ses déjections, mais ne se permettait aucune incursion dans le domaine du sexe, madame le lui ayant interdit. Je le jugeai odieux.

À ma grande stupéfaction, madame ouvrit la porte de sa chambre bleue à celui qu'on appelait le «mastodonte ». Délicate au plan de la sexualité, du moins dans la conversation, elle l'était moins dans les faits. J'ignore si le pauvre *Mancel* eut vent de ces infidélités. Il témoignait à son rival une robuste animosité, dont il ne se cachait pas.

– Que madame se soit entichée de ce monstre, me dit-il, passe l'entendement. Quant à moi, je ne supporte plus ses grossièretés. S'il reste, je partirai !

– Rassurez-vous. Si madame fait mine de tolérer sa

présence, elle n'en pense pas moins. Si elle n'en dit rien, c'est pour ne pas indisposer monsieur Dumas.

Cette argutie ne le rassurait guère. Il persistait dans ses bouderies muettes et se retirait lorsque le « mastodonte » faisait étalage de ses talents de pétomane.

Après le départ d'Alexandre Dumas et de sa princesse, il resta plusieurs mois à Nohant. Monsieur Alexandre ravala ses humeurs et renonça à partir. Il n'avait pas tardé à deviner de quelle nature était l'attirance de sa maîtresse pour ce butor. Il manifestait à son égard une telle idolâtrie qu'elle était prête à tout accepter pour qu'il prolongeât son séjour.

À quelques mois de là, Alexandre Dumas nous revint, accompagné, cette fois, d'un personnage illustre : le poète et romancier Théophile Gautier qui, au cours de la fameuse bataille d'*Hernani*, s'était distingué dans la salle par son gilet rouge et son enthousiasme véhément.

Ce gros homme peu distingué devait avouer plus tard aux frères Goncourt qu'il avait trouvé notre maison « triste comme un couvent de frères moraves ». Il est vrai qu'il avait été déçu par sa première soirée au château : madame n'avait pas desserré les dents. Persuadé qu'elle jugeait sa présence importune, Gautier avait décrété qu'il ne resterait pas un jour de plus.

– C'est que tu connais mal notre hôtesse ! avait répliqué Dumas. Suis-moi !

Il le précéda dans le cabinet de travail où madame venait de se replier pour écrire. Quand il lui eut exprimé les doléances du poète, elle éclata de rire.

– Mon cher Gautier, mon ami Alexandre aurait dû vous prévenir qu'en présence de gens d'esprit comme vous je suis bête à couper au couteau et que je manque totalement de conversation. Tous mes amis pourraient vous le dire.

Elle me sonna, me fit monter une bouteille de vieux rhum et trois verres. Il était quatre heures du matin lorsque de gros rires me réveillèrent.

En allumant ma chandelle, je découvris, par la porte entrouverte du cabinet, le trio en train de discuter avec animation. Ce matin-là, ils ne se séparèrent qu'au chant du coq. Théophile Gautier était conquis.

Je devais prendre connaissance, par le *Journal* des frères Goncourt, du récit que le poète leur fit de ce séjour. Il est sévère et ne manque pas de critiques ni de compliments. De toute évidence, il fut déconcerté plus que déçu par l'accueil qu'il reçut.

Parlant de moi, il disait : « *On dîne un peu trop vite pour laisser le temps de dîner à Marie. C'est la bonne de la maison, une "petite Fadette" que Mme Sand a prise dans le pays pour jouer les pièces de son théâtre, et qui vient au salon le soir...* »

J'aurais préféré, plutôt que de « bonne », qu'il parlât de « dame de compagnie », ce que j'étais en réalité.

Il ajoutait : « *Au reste, on est bien, chez Mme Sand. Par exemple, le service est silencieux. Il y a, dans le corridor, une boîte à deux compartiments : l'une est pour les lettres, l'autre pour la maison. Dans celui-ci, on écrit ce dont on a besoin. J'ai eu besoin d'un peigne ; le lendemain, j'en avais trente à choisir...* »

6

Villa Algira

La naissance de Marc-Antoine, que madame appelait Cocoton, avait apporté du bonheur dans la maison, où la mort de Nini avait creusé un vide.

Lorsqu'il fut question du baptême de l'enfant, un problème surgit : madame acceptait cette cérémonie, à condition que ce sacrement vînt de l'Église protestante. S'il ne s'en était tenu qu'à elle, il n'y aurait pas eu de baptême du tout, mais elle ne se sentait pas le droit d'engager les siens dans la voie de l'irréligion. Elle prit l'avis de quelques ministres et décida que Marc-Antoine serait baptisé suivant le culte réformé.

Personne n'y trouva à redire.

Peu après la cérémonie, au mois de janvier, madame, accompagnée de son fils et de monsieur Alexandre, effectua une excursion dans les environs, qui allait marquer un tournant dans sa vie.

La voiture conduite par le vieux Sylvain prit la route de l'ouest et, par Fougerolles et Cluis, celle de Gargilesse et de Crozant, à la limite de l'Indre et de la Creuse. Environ douze lieues à travers un pays qui, insensiblement, rompait avec les plates étendues de la Vallée noire, ondulait en vagues puissantes, se creusait de ravins sauvages et, des hauteurs du plateau, révélait les immensités rectilignes du Limousin, avec, aux confins du monde, dans une lumière diffuse, des sommets dilués dans une crème de neige rose ou bleue.

En l'espace de quelques heures, c'est un milieu naturel qui ne pouvait être mis en balance avec le Boischaut qui s'ouvrait aux promeneurs. Il se révélait à chaque tournant de la route, plus austère, accidenté, plus âpre, se creusait de failles profondes, aux flancs tapissés de granit roux et d'une végétation grisâtre, qui laissaient entrevoir, par des déchirures, l'éclat de vieil argent des ruisseaux et des rivières pris dans la glace.

Dans le récit que madame a fait de cette excursion et de celles qui suivirent à travers cette contrée, elle parle à plusieurs reprises des « banquises de la Creuse », d'un « temps de Kamtchatka », de brouillard et de verglas. Il avait fallu faire clouter les sabots des chevaux et emporter des couvertures. Dans des endroits difficiles, les passagers durent aider le cocher à naviguer au jugé à travers des nappes de brouillard, pour ne pas risquer la chute dans un ravin...

En lisant ces pages, à quelques jours de cette odyssée arctique, je me réjouissais de ne pas y avoir été conviée.

Ils avaient dû laisser la voiture au village du Pin, limite de la route carrossable, et poursuivre à pied jusqu'à Gargilesse.

Quelques années auparavant, poussant jusqu'à ce village, monsieur Alexandre s'était dit qu'il avait découvert, pour abriter ses amours, un refuge où l'un et l'autre pourraient travailler et se reposer en échappant à l'ambiance animée du château et aux visites importunes. En flânant à travers le village, il avait découvert une masure à l'abandon, face à l'unique auberge du lieu, avec un petit torrent sous la fenêtre donnant sur la pente. Il s'était informé de son prix, avait fait le bilan de sa fortune et choisi d'en faire l'acquisition.

Il avait annoncé cette idée à madame et lui avait montré les quelques croquis qu'il avait réalisés de la masure. Elle fit la grimace.

– Mais, mon petit *Mancel*, ta bicoque est une ruine. Combien de pièces ? Deux, à ce qu'il semble...

– Trois, mais on peut construire une chambre au-dessus du torrent qui n'a guère plus de deux mètres de large.

– D'après tes esquisses, ces pièces ressemblent à des coursives.

– Mais on a une belle vue sur la vallée.

– Il n'y a sûrement pas un commerce à des lieues à la ronde !

– Il y a une auberge. On y mange bien. Je peux en témoigner.

– J'espère que le pays est pittoresque.

– Au-delà de ce que vous pouvez imaginer.

– Diable... Eh bien, nous allons voir ça.

Madame n'avait pas voulu attendre les beaux jours pour tenter une première expédition. Au début de janvier, après avoir consulté l'instrument qu'elle appelait, comme ses paysans, la *barounette*, pour dire le baromètre, elle avait décidé que le temps était assez clément pour se lancer. Il allait changer en cours de route...

Le village accroché aux flancs abrupts de la montagne baignait dans une brume glacée, digne du royaume de Thulé. Seuls surnageaient des sommets envahis par une végétation persistante. En poussant la porte à laquelle accédait un escalier de pierre usé par les sabots, madame recula, suffoquée par la fumée qui envahissait la première pièce. Son fils et monsieur Alexandre avaient pris les devants pour faire du feu dans un vieux poêle à bois.

Au cours d'un précédent voyage, le nouveau propriétaire avait accompli des prodiges. Après avoir nettoyé la masure de fond en comble, il avait acquis quelques meubles auprès des habitants. Pauvre maison, pauvre mobilier. Cela sentait la misère.

– Mère ! s'écria Maurice, voici votre Thébaïde. Reconnaissez que notre ami a eu la main heureuse. Le temps est un peu gris, mais, à la belle saison, vous verrez. C'est le paradis ! On y trouve un climat particulier, une faune et une flore inconnues des environs. Les géographes parlent de cette vallée comme d'une « petite Afrique ».

Comme ils étaient dépourvus de subsistances, ils allèrent dîner à l'auberge Malleret. Le vin était âpre et piqué, mais la chère généreuse et roborative.

Ils passèrent les jours qui suivirent en excursions dans les parages, poussèrent, en dépit d'un temps sibérien, jusqu'à la boucle de la Creuse, au moulin du Pin, aux ruines fantastiques de Crozant. Des troupeaux de chèvres broutaient une herbe glacée en lisière des forêts, des enfants glissaient sur la rivière gelée, les pans de leur manteau flottant derrière eux comme de grandes ailes noires, de rares fumées stagnaient dans un air dur comme du granit.

Les soirées étaient monotones, mais on se couchait tôt et les nuits étaient longues. Une fin d'après-midi, alors que les hommes faisaient griller des châtaignes, madame leur fit la lecture des premiers chapitres d'un roman inspiré par l'expédition du prince Jérôme, grand voyageur, dans le Grand Nord : *L'Homme de neige*. Elle aurait pu écrire sur tout. C'est peut-être le propre du génie.

Malgré, de temps à autre, des colères du temps : ruées de vent sauvage et bordées de neige, ce furent, me dit madame, des journées radieuses.

À quelques jours des fêtes de fin d'année, des enfants du village vinrent frapper à leur porte pour quêter des étrennes. Madame lâchait quelques piécettes et les régalait d'un chocolat au lait.

– La nuit venue, me dit-elle, et elle tombait tôt, je m'endormais en me disant que je me trouvais dans le nord de l'Écosse ou en Norvège. J'ai fini par trouver de l'agrément à cette bicoque dont le dernier de mes métayers n'aurait pas voulu. Entre mes deux hommes, je menais, lorsque le temps nous interdisait la moindre sortie, une vie de recluse, allant de mon lit à la petite table qui servait à nos repas et à mon travail. Avec l'auberge Malleret, nous étions sûrs de ne pas mourir de faim : elle est approvisionnée par des muletiers, au jour le jour. Et le silence, Marie, le silence. Il était d'une telle perfection qu'on avait l'impression d'être transporté dans une toile de paysagiste...

Elle attendit le printemps pour retourner à Gargilesse.

En pénétrant dans la masure close depuis quelques mois, elle retrouva, avec l'odeur des chaumières abandonnées : celle de la fumée et de l'humidité, les craquements du plancher vermoulu, la lumière grise des étroites fenêtres, le murmure du torrent, le poêle qui ne demandait qu'à reprendre du service. De la fenêtre de ce qu'elle appelait sa «cabine», elle put voir, pour la première fois, se lever sur la forêt la lune rousse d'un printemps pluvieux.

Le soleil aidant, ils firent une collecte de chenilles à mettre en couveuse, passèrent leurs soirées à lire, à travailler ou à des parties de cartes. Malgré sa migraine et la toux persistante de monsieur Alexandre, madame, me dit-elle, dormait douze heures par nuit.

Elle avait écrit dans son agenda :

«Je rentre de promenade à trois heures, et je travaille. J'écris une douzaine de pages de je ne sais quoi, mais bien tranquille dans ma petite chambre. Silence absolu. Tous les hommes du village sont aux vignes, les femmes et les enfants aux pâturages.

Manceau rentre à six heures, et nous soupons à sept. Bésigue. Il me gagne ! Sur quelle herbe a-t-il marché, en Afrique ? »

Ils durent battre en retraite devant des assauts de giboulées incessantes, à travers lesquelles le soleil creusait des trouées étincelantes, et repartirent pour Nohant au temps de Pâques.

Un mois plus tard, retour à Gargilesse.

Ils passaient chaque jour des heures à écheniller pour garnir les boîtes à éclosion de monsieur Alexandre. Madame se prit d'intérêt pour l'eau de source à laquelle, à tort ou à raison, elle attribuait des vertus propres à calmer ses migraines. Elle me disait :

– Je marche comme un Basque, remonte la rivière jusqu'à un lieu désert qu'on appelle le « Moulin de Garat ». C'est un endroit d'une sauvagerie que tu ne peux imaginer.

Ils y pêchaient des vandoises qu'ils cuisaient sur un gril, entre deux pierres. À la fin du mois de mai, elle suivit une procession de cavaliers montés sur des chevaux, des mulets et des ânes, venus des villages des environs. Le soir, elle dansa la bourrée au son de la cornemuse et but de la piquette. Elle rêvait, en regardant de sa fenêtre tomber de lourdes pluies tièdes, à l'été qui n'allait plus tarder et aux bains qui allaient suivre.

Un jour, des enfants lui apportèrent des vestiges d'outils anciens et, informés de ses penchants pour l'entomologie, des chenilles d'une taille peu commune, un énorme lézard jaune et noir apparenté à la salamandre, des digitales géantes et des couleuvres qu'elle s'empressa de lâcher derrière la maison.

Madame travaillait alors à un roman, *Elle et Lui*, qui

racontait, sous le masque de la fiction, ses amours tumultueuses, à Venise, avec Alfred de Musset. C'était une riposte à un autre livre que venait de publier Paul, le frère de Musset, *Lui et Elle*, pour lui faire endosser la responsabilité de leurs querelles et de leur rupture. Elle en rédigea les six cents pages en moins d'un mois !

Dans une de ses lettres, madame me donnait une recette d'omelette aux écrevisses et m'annonça qu'elle venait de cueillir les premières fraises.

L'été s'installa, immuable, la première semaine de juin. « *Il fait*, m'écrivait madame, *une chaleur de Sahara : cinquante degrés au soleil !* »

Chaque matin, elle descendait à la rivière par un escalier de pierre et des sentiers acrobatiques, dérangeait dans leur sommeil des reptiles qui abondent dans la vallée mais se montrent rarement dangereux.

Gros ruisseau ou petite rivière, la Gargilesse semble sortir du ventre de la terre pour faire de cette faille vertigineuse, coupée du monde, sans poste ni diligence, un lieu insulaire. L'eau d'un blond doré pétille de schiste au moindre rayon, glisse d'une digue à une autre, s'attarde dans des bassins étales sur lesquels dansent des libellules, des papillons et des martins-pêcheurs. Sous le couvert des frondaisons touffues foisonnent des plantes et des fleurs inconnues dans le Berry, qui semblent déposées là par le vent d'un lointain éden tropical.

Madame recevait là des amis et des connaissances triés sur le volet, du fait de l'exiguïté de sa demeure : Alexandre Dumas fils, la comédienne Bérangère, le peintre des chats Eugène Lambert... Ils accompagnaient monsieur Alexandre et Maurice dans de fructueuses expéditions entomologiques. Ils ramenèrent un jour un papillon d'une espèce rare, un joyau vivant : l'Algira. Il fut ramené à la maison comme un trophée de chasse. Du coup, la bicoque fut baptisée *Villa Algira.*

Dans un de ses agendas, retrouvé récemment, madame ne tarit pas d'enthousiasme sur ses promenades et les menus événements de cette existence sédentaire. Elle semblait vivre dans un état de ravissement sans failles et avoir oublié Lina, Cocoton et l'humble servante que je suis. À lire ces textes au ton constamment familier, j'aurais pu croire qu'elle avait vécu des mois sans retourner à Nohant.

En fait, elle y faisait de brefs séjours, mais, à peine était-elle arrivée, nous la sentions impatiente de reprendre la route. Elle semblait se plaire à Gargilesse en toutes saisons, chacune ayant ses charmes et toute une gamme d'occupations. Elle n'y séjournait parfois que quelques jours. Un lien élastique semblait l'attacher à ces lieux : chaque départ de la *Villa Algira* marquait une tension ; un mouvement inéluctable l'y ramenait, en dépit des froids galactiques ou des étés torrides. Gargilesse pouvait être son royaume islandais ou son oasis africaine.

Le moindre fait anormal qui émaillait cette vie monacale retenait son attention : *« Il reste très peu d'encre dans ma petite bouteille. Que faire ? Où m'en procurer ? »* Cela frisait le drame. Difficile d'imaginer Mme George Sand dans la situation du soldat qui, au moment de livrer bataille, s'aperçoit qu'il n'a plus de munitions.

Je ne fus qu'à de rares occasions invitée à Gargilesse, madame refusant de laisser gérer sa maison, en son absence, par Noémie qui avait vieilli et dont le caractère s'était aigri. D'autre part, monsieur Maurice faisait constamment appel à moi pour répéter et jouer ses pièces.

J'ai conservé quelques affiches de spectacles où mon nom figure en bonne place. Il tombait d'accord avec Dumas pour considérer que mon nom aurait pu se trouver sur des affiches de l'Odéon ou du Gymnase, sous celui de Sarah Bernhardt ou de Rachel, ce qui, grâce à Dieu, ne m'est jamais advenu. Mon rôle de comédienne n'a jamais été pour moi qu'un divertissement agréable et enrichissant. La perspective d'affronter le public d'un grand théâtre m'eût rebutée. D'ailleurs, quoi qu'on en dise, je n'aurais pas eu le talent nécessaire. Je sais, en toutes circonstances, garder la tête froide et ne pas me nourrir d'illusions.

À chaque titre de ces affiches se rattachent des souvenirs, pour la plupart agréables : *Léandre... La Duchesse... Louis XIV... Le Grand Chef des Eunuques...* Je donnais la réplique à madame dans des comédies : *Riquet, Picaro, Barbe-Bleue...* Augustine Brault et Lina complétaient parfois la distribution. Jamais Charles Marchal. Ce n'est pas qu'il manquât de talent, mais on craignait qu'en raison de sa corpulence, il ne fît s'écrouler la scène. Quant à monsieur Alexandre, ses accès de toux auraient compromis le déroulement du spectacle.

Le dernier séjour de madame à la *Villa Algira* remonte au mois d'avril de l'année 1864.

Le samedi 23, elle écrivait dans son agenda :

« *Temps superbe, vent chaud et doux... Je déjeune, nettoie, range, ferme... Au relais, les chevaux reconnaissent parfaitement l'arbre où ils se sont reposés en venant, et ça me fait une* impression... *Je reviens en lisant Hugo. C'est splendide! Nous sommes partis à onze heures. Nous arrivons à Nohant à cinq heures. Tout le monde va bien céans. Cocoton ravissant et* pochard de jeu *(?). Ce soir, bésigue avec Maurice, et travail avec lui jusqu'à minuit. Trois lettres à* Mancel... »

Le moment venu de franchir pour la dernière fois, à rebours, le seuil de la *Villa Algira*, aucun mouvement de regret de sa part, aucun de ces élans romantiques qu'on eût trouvé chez les poètes, mais les gammes insignifiantes du quotidien. Peut-être madame devait-elle garder l'espoir d'un prochain retour. Au vrai, elle revint à Gargilesse quelques années plus tard. Seule avec Charles Marchal.

Elle ramenait de ce dernier voyage une moisson de fleurs et de plantes étranges qu'elle allait regarder croître et prospérer en rêvant de sa vallée perdue.

À chacun de ses retours au château, la première visite de madame était pour Marc-Antoine, un bel enfant vif et joyeux, mais fragile, que nous entourions de précautions. À le regarder jouer dans sa lisière ou sur les pelouses du parc, il me semblait revoir la petite Nini. Toute la maisonnée, même Noémie, était à sa dévotion, recueillait le moindre de ses sourires et interprétait ses gazouillis.

Durant l'été 1864, Lina et Maurice emmenèrent Cocoton à Guillery, pour le présenter à son grand-père, Casimir Dudevant.

Madame se trouvait alors à Paris, en compagnie de monsieur Alexandre, lorsqu'elle reçut un télégramme qui la foudroya : le petit était tombé malade. Un autre courrier la rassurait : il allait mieux. Le troisième lui apprit qu'il allait mourir.

Madame partit aussitôt par le train. En arrivant à Guillery, elle apprit que l'enfant était mort le matin. Le service funèbre fut confié à un ministre protestant de Nérac, la ville voisine. Au cours du repas suivant les obsèques, madame n'ouvrit la bouche que pour fumer cigarette sur cigarette, sous l'œil réprobateur des servantes, scandalisées par ce sans-gêne et par le jupon rouge dont le fond dépassait sous sa robe.

À son retour, elle me dit :

– Ce qu'on peut changer avec l'âge, ma pauvre Marie... Je ne reconnaissais pas mon mari. Il est devenu obèse et chauve. Il vit avec une compagne, Jeanny Dalias et la fille qu'elle lui a donnée, Rose, une charmante adolescente, ma foi. Il vient d'avoir soixante-neuf ans. Avec la vie qu'il a menée, les abus auxquels il s'est livré, il devrait être mort depuis longtemps. Il doit y avoir un dieu pour les débauchés...

Confidence de Lina : à quelques jours des obsèques, lorsque le médecin qui avait soigné l'enfant lui demanda comment il avait trouvé sa femme, monsieur Casimir lui répondit :

– Elle a beaucoup vieilli. Ces bajoues, ce triple menton, cette croupe de jument poulinière… Je ne l'aurais pas reconnue. Je n'ai pas eu envie de l'appeler Aurore, comme par le passé, mais plutôt Soleil couchant...

Si son corps s'était alourdi, l'esprit de monsieur Casimir était toujours aussi vif et mordant.

Un drame d'une autre nature mûrissait à Nohant.

La cohabitation entre madame, le jeune couple et monsieur Alexandre provoquait une tension quasi permanente, notamment entre le fils et l'amant.

L'attitude de monsieur Maurice était odieuse : il traitait de haut son ancien ami, ne perdait aucune occasion de l'humilier, de préférence en présence des invités et des domestiques. Il oubliait ce qu'il lui devait : son aide pour l'écriture et la réalisation de ses pièces de théâtre, la conception des décors et des costumes, les soins qu'il donnait à l'administration du domaine, le travail de gravure de ses œuvres… Il lui faisait comprendre en toutes circonstances que le maître du château, après madame, c'était lui, et qu'il n'avait rien à y faire, ce qui était un comble. Ce qu'il lui pardonnait le moins c'était de lui être supérieur en tout. Cette animosité s'était transformée en jalousie, lorsque monsieur Alexandre lui avait annoncé qu'une de ses comédies avait été acceptée par l'Odéon.

Je surpris une violente dispute entre eux et dressai l'oreille, d'autant que j'en étais l'objet.

– Ainsi, s'écria monsieur Maurice, ma mère ne te suffit plus. Voilà que tu t'en prends à la bonne !

– La bonne ? bredouilla monsieur Alexandre. De qui veux-tu parler ?

– Ne fais pas l'innocent. Lina t'a vu sortir de sa chambre, cette nuit. Tu vas me dire que vous étiez en train de disputer une partie de dominos ou de lire des poèmes...

– J'étais souffrant. J'ai sonné Marie pour qu'elle m'apporte une tisane. Elle m'a tenu compagnie un moment. Est-ce un crime ?

– À d'autres ! Si cette fille te plaît, pars donc avec elle. Je ne te retiens pas !

La colère l'emporta sur la prudence. Le feu au visage, je poussai la porte. Ils se regardèrent, aussi gênés l'un que l'autre.

– Tu écoutes aux portes ? s'écria Maurice. Tu as entendu ce que nous disions ?

Je répliquai avec assurance :

– Je n'écoute pas aux portes, monsieur, mais vous parliez si fort que j'ai entendu malgré moi. Vous mentez en affirmant que monsieur Alexandre et moi entretenons des rapports coupables. Ce qu'il a dit est vrai. Il faudra me rendre raison de cette calomnie auprès de madame votre mère.

Il éclata d'un rire grinçant, les poings aux hanches.

– Mais pour qui se prend-elle, cette… cette bonniche ? Tu oublies à qui tu t'adresses. Tu vas retirer ces propos, sinon...

– Sinon ?

Il éluda la question, soupira lourdement et prit le temps d'allumer un petit cigare, avant de nous lancer :

– J'en ai assez entendu ! Débarrassez le plancher ! Toi, Alexandre, je te laisse jusqu'à la Saint-Jean pour faire ton baluchon.

J'aurais pu penser que la violence de ses propos à mon égard trahissait ses regrets d'avoir dû interrompre notre idylle, si cette prétention n'eût été outrée. Cependant je me souviens qu'à plusieurs reprises, malgré la présence de Lina, alors qu'elle était enceinte, il avait tenté de renouer nos relations. Je l'avais repoussé sans ménagement. Il avait dû m'en tenir rigueur.

Lorsque monsieur Alexandre me raccompagna dans le parc où je devais rejoindre madame à son tambour de brodeuse, il s'adossa à un arbre pour pleurer. Il me dit entre deux hoquets :

– L'as-tu entendu, Marie ? Il m'a congédié comme un domestique et t'a traitée de bonniche !

– Rassurez-vous, lui dis-je, il n'en fera rien. Madame y mettra le holà. Elle tient trop à votre présence pour accepter de s'en séparer sans raison. Monsieur Maurice se donne des allures de maître de maison, mais c'est elle qui prend les décisions. Quant à ce qu'il a dit de moi, je m'en moque !

– Tu as raison, Marie. Madame s'y opposera sans doute… enfin, peut-être...

– Que voulez-vous dire ?

– Elle a beaucoup changé à mon égard. Il est vrai que nous nous sommes beaucoup aimés depuis plus de dix ans que nous nous connaissons. Mais, vois-tu, le temps a fait son œuvre. Nous n'avons plus, depuis quelques années, que des rapports de mère à fils. En sa présence, je me sens transparent. Elle ne me remarque que pour me donner des ordres ou me demander des conseils.

–Et vous, monsieur ?

–Moi, je l'aime toujours autant, et cela durera jusqu'à la fin de ma vie, qui sera brève. Je vais donc recouvrer ma liberté, Marie, une liberté que je n'ai jamais imaginée sans elle. Quelle triste chose que la destinée. Nous n'en sommes jamais maîtres.

– Je vous le répète : ce que vous a dit monsieur Maurice, c'étaient des propos en l'air, de vaines menaces. C'est surtout contre moi qu'il en avait. Quant à madame, vous lui êtes indispensable. Imaginer qu'elle ne vous aime plus est ridicule. Elle a pour vous une profonde affection, je le sens et je le sais. Je lui parlerai ce soir même...

Je m'en tins à ma décision. Elle m'écouta sans m'interrompre lui faire le récit du combat de coqs dont j'avais été témoin, puis elle éclata.

– Maurice va en entendre de belles, je te le garantis ! Ce que mon fils pardonne mal à Manceau, c'est de lui être supérieur dans tous les domaines. Maurice n'est pas un fruit sec, mais il n'arrive pas à mûrir, et ça l'embête, car il est assez intelligent pour le comprendre, et c'est ce qui le rend hargneux. Vous pouvez, Manceau et toi, dormir sur vos deux oreilles. Je vais mettre de l'ordre à tout ça...

Un soir où, en compagnie de Dumas, elle faisait de la broderie, j'avais surpris ce qu'elle disait à son invité au sujet de monsieur Alexandre :

– Il est tout cœur, tout dévouement, et d'un désintéressement à toute épreuve. Savez-vous que j'ai dû insister pour qu'il accepte les gages que je lui proposais ? Dès qu'il a un peu d'argent de côté, il cherche qui en faire profiter. Je puis vous le confier, mon ami : les douze ans que j'ai passés en sa compagnie m'ont en partie réconciliée avec la nature humaine...

Madame sermonna vigoureusement son fils. Il répliqua sèchement :

– Si vous prenez le parti de Manceau, mère, il faudra choisir entre lui et moi. S'il reste à Nohant, c'est moi qui partirai !

Madame me confia que cette réaction l'avait laissée pantoise.

– Je n'en ai pas dormi de la nuit et n'ai pu travailler. Il

est vrai que mon fils n'est pas le maître des lieux, mais il est vrai aussi que cette maison est la sienne et qu'il a voix au chapitre. Comprends-tu cela, ma petite Marie ?

– Je comprends, madame. Cela semble signifier que monsieur Alexandre pourrait bien être sacrifié.

– Je n'ai pas dit cela. Il se peut… oui, il se peut que nous quittions Nohant, lui et moi. Si je m'en tenais à cette résolution, il faudrait toi-même quitter notre service. Je trouverais à te faire employer, au château de Saint-Chartier par exemple, avec une bonne lettre de recommandation.

Elle ajouta sur un ton plus âpre, qui me surprit :

– Tu es responsable de cet incident, je te le rappelle. Cette tisane que tu as portée à Manceau, en pleine nuit… Cela a pu réveiller la jalousie de mon fils. Il se moque comme d'une guigne d'avoir pris ton pucelage et d'avoir fait de toi sa maîtresse, mais il est demeuré jaloux, voilà !

– Mais, madame...

– Allons… allons… Ne proteste pas, ma chérie. Je ne suis pas tombée de la dernière pluie, tu sais ! Reconnais que Maurice n'a pas eu trop de mal à te séduire, mais, après tout, si vous avez connu quelques moments de bonheur ensemble, ce n'est pas moi qui te le reprocherai.

Elle ajouta, en écrasant du pied le mégot de sa cigarette :

– Il me vient une idée. Si Manceau et moi quittions Nohant, accepterais-tu de nous suivre ? Tes gages n'en souffriraient pas, cela va de soi.

– Avec joie, madame.

– Je n'en attendais pas moins de toi, ma chérie. Dès que ma décision sera prise, si je la prends, tu en seras la première informée.

À quelques jours de là, c'était chose faite : nous allions quitter Nohant.

– Je vais laisser le château à Maurice et Lina. Ils se passeront fort bien de notre présence. S'ils éprouvent des difficultés, tant pis pour eux ! Quant à Manceau, tu penses bien que je ne vais pas l'abandonner, mal fichu comme il est. Ce serait une ingratitude à laquelle je me refuse. Je m'occuperai de lui comme je l'ai fait de ce pauvre Chopin, quitte à sacrifier ma santé...

Dans les jours qui suivirent l'annonce de cette décision, l'ambiance devint pesante.

Madame était lasse au point de négliger de se déshabiller pour se coucher, ce dont je devais me charger. Ses migraines l'avaient reprise, sans que, pour autant, elle renonçât à fumer.

Dans la semaine qui suivit cette décision, monsieur Alexandre partit pour Paris afin de se mettre en quête d'un logis. L'appartement que madame avait habité jadis, rue des Feuillantines, était trop exigu, de même que l'appartement de Maurice, rue Racine. Elle lui avait recommandé de trouver, non loin de Paris, dans ces banlieues pour peintres du dimanche, canotiers et lavandières, une maison d'un accès facile. Dès qu'il lui eut annoncé qu'il avait découvert ce qu'elle cherchait, elle accourut.

La maison était une villa située au sud de Paris, à Palaiseau, au-delà de Sceaux. On pouvait y accéder aisément par le train. Une petite rivière aux eaux limpides, l'Yvette, coulait à proximité. Les bains de madame seraient assurés...

De retour à Nohant, madame me dit :

– Je suis sûre que tu te plairas à Palaiseau. C'est campagnard à souhait et pas dévot. On peut y dormir en laissant les portes ouvertes. Nous irons faire notre lessive à la rivière, comme les lavandières, et nous baigner, l'été venu.

Elle n'avait pu se retenir de rire lorsque Noémie lui avait dit en reniflant ses larmes :

– Vous allez donc nous quitter, madame ? Est-ce bien sûr ? Comment ferez-vous pour vivre sans votre famille et sans vos paysans ? Beaucoup vont vous regretter.

– Je reviendrai, ma bonne Noémie, oui, je te l'assure, je reviendrai parce que j'aime ce pays, cette demeure et ces gens. J'y serai chez moi jusqu'à la fin de mes jours.

Je me demandai par quel miracle monsieur Alexandre avait pu se procurer l'argent nécessaire à cette acquisition, sans doute fort onéreuse. Madame m'en informa sans que j'eusse à la solliciter. Sa pièce avait eu, à Paris, un succès proche du triomphe. La princesse Mathilde et le prince Jérôme avaient assisté à la première. Il avait tiré de ces représentations une partie de l'argent nécessaire.

– Pour finir de régler la note, me confia madame, j'ai

dû me défaire de quelques toiles de Delacroix, la mort dans l'âme. Mon fils me l'a reproché. Il est vrai que le maître l'a encouragé à ses débuts. J'ai pourtant tenu bon. Lui vivant, je n'aurais pas osé, mais il est mort. Alors...

Parmi les quelque vingt tableaux de Delacroix qu'elle possédait, le choix fut difficile. Elle n'en garda que trois : *La Confession du Giaour, Le Centaure*, ainsi que le portrait qu'il avait fait d'elle au temps de sa splendeur, ce à quoi elle tenait par-dessus tout.

Outre qu'elle soldait le reliquat de la somme nécessaire à l'achat de la villa, cet argent lui permit d'assurer au jeune ménage une rente de trois mille francs. L'acquisition s'était faite au nom d'Alexandre Manceau, à charge pour lui de la léguer à monsieur Maurice, à sa mort.

7

Jours paisibles à Palaiseau

Le départ de Nohant se fit sans trop de tristesse, comme si nous partions pour un séjour à Gargilesse.

Il n'y eut de larmes que chez les domestiques rassemblés dans la cour. Au chagrin de nous voir partir s'ajoutait pour certains la crainte d'être renvoyés. À la requête de sa mère, monsieur Maurice garda Noémie mais se sépara de Joséphine dont il ne supportait pas le caractère acariâtre. Il donna congé sans pitié à un vieux jardinier perclus de rhumatismes, qu'il jugeait une charge pour la maison. Qui sait s'il n'aurait pas fait de même pour moi si madame ne m'avait invitée à la suivre dans son exil ?

– Mère, dit Lina au moment des adieux, prenez soin de vous. Votre santé semble s'être dégradée ces temps derniers. Suivez à la lettre les prescriptions du docteur Vergne. Évitez de trop fumer, de passer vos nuits à travailler, de vous baigner dans l'eau froide. Lorsque vous irez à Paris...

Madame arrêta d'un geste cette litanie.

– Je te rassure, ma chérie : je serai prudente, je n'irai à

Paris qu'en cas de nécessité et sans m'y attarder. Pour le reste, Marie veillera sur moi.

Nous avons passé deux jours à aménager la maison, à laquelle monsieur donna le nom de *Villa George-Sand*. Madame était radieuse. Elle chantonnait en installant le mobilier, bousculait monsieur qu'elle trouvait tatillon et grincheux, nettoyait et organisait le jardin envahi par les mauvaises herbes, qu'elle comptait ensemencer en graines apportées de Nohant et de Gargilesse. Oubliés les migraines, les maux de reins, l'estomac délabré ! Elle désherbait allègrement et, dédaignant les conseils de Lina, passait une partie de ses nuits à écrire et à fumer.

Agenda du 12 juin :

« *Je suis dans le ravissement de tout : du pays, du petit jardin, de la vue, de la maison, du dîner, de Marie, du silence… Le bon* Mancel *a pensé à tout. Sommeil de plomb. Il paraît qu'il vente et qu'il tonne. Je ne m'en aperçois pas. Notre jardin est une assiette de verdure, avec un petit diamant d'eau au milieu, dans un paysage admirable : un vrai Ruysdael…* »

Un matin, en revenant d'une promenade sur une rive de l'Yvette, elle posa sur la table un panier plein de plantes.

– Regardez, mes amis ! Voilà des fleurs que nous n'avons pas à Nohant ni à Gargilesse : des consoudes bleues et roses. Je vais les envoyer à Maurice, avec quelques boutures des spirées roses de notre jardin. Marie, tu t'en chargeras.

– En cette saison, madame ? Regardez : elles baissent déjà la tête.

– Tu n'y entends rien. Ce sont des plantes rustiques et vigoureuses.

J'ai pris le paquet qu'elle avait préparé, pour le porter à la poste. Je l'ai jeté à la rivière. Pauvres consoudes… Elles seraient mortes avant d'arriver, si elles ne l'étaient déjà.

Le bonheur de ma maîtresse était mon seul souci. Et elle ne faisait pas semblant d'être heureuse. Chaque jour était pour elle comme une naissance. Elle nous sortait du lit, malgré une partie de la nuit passée à écrire, distribuait les tâches de la journée, en veillant à ce que monsieur, qui avait ramené de Nohant tout son attirail de graveur, eût le temps de travailler. Lorsqu'elle ne m'accompagnait pas au village pour faire des provisions, elle s'enfermait dans sa chambre pour écrire ou dans son enclos pour jardiner.

Elle ne semblait pas trop souffrir de sa séparation d'avec les siens. Plusieurs fois par semaine, elle leur adressait une lettre ou un simple billet qu'elle me chargeait de rédiger. Ces courriers ne laissaient apparaître aucun ressentiment contre Maurice, responsable de cet exil accepté. Ils avaient le ton familier de ceux qu'elle nous adressait de Gargilesse. Ils ne faisaient jamais allusion à la querelle qui avait abouti à ce changement. Si elle avait quitté Nohant de son plein gré, c'était pour éviter que ne dégénère le conflit qui opposait son fils et son amant. Elle avait mis son malade à l'abri. Les liens avec le jeune couple n'étaient pas rompus ; elle aurait pu revenir à Nohant et, le plus naturellement du monde, y reprendre une place que personne n'aurait eu le toupet de lui contester.

Maurice et Lina affrontaient des problèmes plus ardus qu'ils ne l'avaient présumé. Avec madame, tout allait son train, tant bien que mal : elle traitait les obstacles à la hussarde et, dès qu'elle les affrontait, ils se dissipaient. Mal préparé à les assumer, monsieur Maurice s'y enlisait, mal soutenu par Lina, ignorante qu'elle était des soucis matériels et de la façon de les traiter.

L'administration du domaine donnait de la gîte. Métayers et domestiques en prenaient à leur aise, sans éprouver pour leur maître le respect qu'ils avaient pour madame. Les liens qu'elle entretenait avec eux, marqués par sa bienveillance, se relâchaient dangereusement. L'arrogance de monsieur Maurice avait comme corollaire la tromperie ; monsieur se laissait berner sans avoir les connaissances suffisantes pour réagir.

Il se plaignait que Nohant lui coûtât plus qu'il ne lui rapportait. Madame soupirait et haussait les épaules. Si son fils, au lieu de tailler des marionnettes, s'était préparé plus tôt à prendre la relève, il n'en serait pas là ! Connaissait-il seulement ses métayers ? De nom, peut-être. Il s'abstenait d'aller salir ses bottines dans leur basse-cour.

De guerre lasse, le couple se rendit à Guillery pour demander à monsieur Casimir Dudevant des conseils qu'il fut incapable de lui fournir. Il en avait eu les capacités, jadis, mais le temps en avait fait une loque, avec une dose de prétention singulière.

Madame éclata de rire le jour où elle apprit qu'il avait écrit à l'Empereur pour quémander la Légion d'honneur, au titre de « mari de Mme George Sand ». Il n'obtint jamais ce hochet, d'autant qu'au plan de la politique, la tourmente qui précédait la guerre se précisait.

Si l'Empereur méprisait ce cocu prétentieux, il manifestait toujours la plus haute estime pour son épouse, en dépit de leurs divergences en matière de politique et de religion. A-t-il regretté la mise à l'index décrétée par le Saint-Siège, sur l'œuvre de George Sand ? Je l'ignore. Qu'il n'eût pas fait interdire des romans aussi violemment subversifs que *Mauprat* ou *Mademoiselle de La Quintinie* laissait perplexe. Non seulement il toléra la représentation, à l'Odéon, du *Marquis de Villemer*, une œuvre provocante pour le régime, mais encore il tint à assister à la première, en compagnie de l'Impératrice.

Le soir de cette représentation donna lieu à une émeute.

Sous une pluie diluvienne, une foule d'étudiants faisaient queue, leur carte insérée dans la bordure de leur chapeau, pour obtenir une place, alors que l'on affichait « complet ». Par dépit, ils allèrent chanter des cantiques profanes et des chansons de corps de garde devant la Maison des Jésuites. La police tenta en vain de les disperser. Ceux qu'elle prit furent conduits en prison.

Assaillie au moment d'entrer au théâtre, madame trouva refuge au café *Le Voltaire*, dont il fallut fermer les portes. Je me souviens que des cris jaillissaient de toutes parts :

– Vive George Sand !

– Vive Mlle de La Quintinie !

– À bas l'Empire et les curés !

Pour échapper à la meute, nous dûmes sortir par la porte de service pour gagner le théâtre sous une pluie battante, et y pénétrer par l'arrière.

Une foule de deux cents personnes attendait madame dans le foyer : des amis anciens ou récents, parmi lesquels quelques Berrichons que madame dut *biger*.

– Je vous préviens, lui dit le directeur : il risque d'y avoir du chahut, et même de la casse. Je suis très inquiet...

D'une fenêtre du premier étage, j'assistai à l'arrivée des voitures armoriées qui, pressées par la foule déchaînée, avaient du mal à parvenir jusqu'à l'entrée. Les attelages de la princesse Mathilde et du prince Jérôme furent accueillis par des lazzis. Lorsque ce fut le tour du carrosse impérial, des chants et des cris séditieux éclatèrent, et la police dut de nouveau intervenir.

Les craintes du directeur se révélèrent superflues. L'atmosphère fut chaude, mais sans le hourvari que nous redoutions.

L'Empereur présentait, avec son épouse, un contraste frappant. Lui, pâle, le regard bas, la démarche hésitante, déjà atteint par la maladie qui allait assombrir ses derniers jours à la tête de la nation ; elle, beauté rousse, éclatante, d'une vénusté indolente d'Andalouse.

Un contraste de nature différente s'observait dans le public : à l'orchestre et dans les loges, des messieurs en frac et des dames en crinolines, épaules nues, scintillantes de joyaux ; le reste de la salle, les « petites places », occupé par un public populaire remuant et bruyant.

Un cri répété par des dizaines de voix m'avait frappée dans la foule qui stagnait au-dehors : « À bas la claque ! » Dans la salle, des *mouches* étaient disséminées à tous les niveaux, mais la claque n'avait pas été nécessaire. Durant tout le spectacle, le public, sans respect pour la présence de Leurs Majestés Impériales, manifesta bruyamment ses émotions.

Madame, qui avait pris place dans la loge du prince Jérôme, m'apprit que Louis-Napoléon et Eugénie avaient pleuré à certaines scènes et que le prince, debout, avait clamé son enthousiasme. Elle-même, rivée à son fauteuil, était restée imperturbable.

Le rideau baissé, je l'entendis dire à Leurs Majestés venues la complimenter et lui « donner la main » :

– Ce qui m'a le plus émue, c'est cette foule de gens du peuple et d'étudiants qui n'ont pu assister au spectacle, et qui m'attendent dehors.

La police impériale dut former un cordon de sécurité pour lui permettre de regagner la voiture qui allait nous ramener au domicile de monsieur Maurice, rue Racine. Elle dut disperser par la force un groupe d'étudiants qui s'apprêtaient à prendre la place de notre attelage pour nous traîner en triomphe à travers Paris.

Madame fut la première surprise du succès de cette comédie. Un sentiment que je partageais : le *Marquis de Villemer* n'était pas la meilleure de ses pièces ; je lui préférais *Mauprat* ou *Mademoiselle de La Quintinie*, où s'expriment avec davantage d'âpreté ses opinions politiques et religieuses. Dans les semaines qui suivirent, l'Odéon fit salle comble, malgré les manifestations des ligues catholiques exaspérées par le succès de cet auteur qui venait d'être, pour ainsi dire, excommunié.

Le célèbre photographe Nadar invita madame dans

son atelier pour faire son portrait. Il réalisa une douzaine de poses avant de trouver la bonne.

La santé de monsieur Alexandre nous donnait des alertes sérieuses.

Dans les premiers temps de sa venue à Nohant, rien ne laissait supposer le mal dont il souffrait déjà. Il avait des accès de toux assez fréquents mais personne, à commencer par sa maîtresse, ne les prenait au tragique.

Au fil des ans, j'avais assisté à la dégradation de sa santé et de son humeur. Il ressemblait de plus en plus, disait madame, à un « oiseau déplumé ». Il avait vieilli avant l'âge, son front s'était dégarni, et il flottait dans ses vêtements, ce qui faisait dire à monsieur Maurice qu'il aurait pu servir d'épouvantail. Si nous avions pris au sérieux la réflexion de Théophile Gautier parlant, à propos du château, d'un « couvent de frères moraves », il en aurait été le prieur.

La désaffection progressive de sa maîtresse était une des causes majeures de cet état : elle avait, depuis belle lurette, décrété qu'ils feraient chambre à part ; il ne visitait plus son lit depuis des années, sans que l'affection qui les liait depuis toujours en fût affectée.

À Palaiseau, où nous vivions dans une cohabitation rapprochée, je pus suivre au plus près l'évolution du mal de poitrine qui le rongeait, auquel on avait donné depuis peu un nom savant : tuberculose. L'adolescent prolongé qui, dans l'atelier de Nohant, sous la grande verrière, me faisait de discrètes avances, était devenu en quelques années un vieillard à moitié chauve, aux paupières lourdes, au regard terne, au visage amaigri au point que la peau semblait plaquée à même les os.

Il n'avait d'autre occupation que ses gravures. Persuadé qu'à sa mort il ne devait rien laisser de médiocre à la postérité, il donnait plus de soin que jamais à son œuvre, au point de s'y user les yeux.

Madame me disait :

– Je pourrais me croire revenue au temps où ce pauvre Chopin était à la fois mon ami, mon amant, mon fils et mon malade. Ma vocation d'assistante pour des êtres appelés à disparaître prématurément se confirme. Pourtant, mon petit *Mancel* sera le dernier. Après lui, personne ! Comment en aurais-je la force, malade que je suis moi-même ? *Mancel*, mon dernier amour, mon dernier malade...

Elle me savait gré des soins constants que je lui donnais.

À la longue, je n'éprouvais plus la moindre répugnance à vider ses cuvettes de sang dans une fosse du jardin, à effectuer sa toilette intime certains jours où il n'en avait pas la force. Pauvre chose… J'avais l'impression de faire la toilette d'une momie.

Lorsqu'un peu de force remontait en lui il me demandait de l'accompagner pour une courte promenade. Il coiffait son chapeau, prenait mon bras, se soutenait de l'autre avec sa canne, s'arrêtait tous les dix pas pour souffler ou s'asseoir dans l'herbe et, malgré l'interdiction de madame, grillait une cigarette en regardant des barques passer sur l'Yvette.

Il revenait sans fin sur l'affaire de sa rupture avec monsieur Maurice et l'annonce de son éviction, qui l'avait humilié. Cette obsession allait le poursuivre jusqu'à ses derniers jours.

– Crois-tu qu'il ait oublié ? Je ne voudrais pas disparaître avant d'être sûr qu'il ne m'a pas retiré son amitié. Nous avons vécu ensemble une si belle aventure, dans notre atelier...

– Il a eu un accès de colère, de jalousie, peut-être, mais tout ça, c'est du passé. Au fond, il vous sait gré de tenir compagnie à sa mère, de veiller sur elle.

Il m'arrivait aussi de penser à moi, de me dire que je risquais de finir vieille fille, comme Noémie, avec un caractère de plus en plus aigri. De nombreuses occasions s'étaient présentées de sortir de ma solitude affective. Des partis ? peut-être, si j'avais donné suite à ces avances, mais je refusais l'idée d'avoir à me séparer de ma maîtresse. Je n'envisageais pas sérieusement ma vie hors de Nohant, du château, des appartements de madame. Il y avait, entre elle et moi, autre chose qu'un rapport de maîtresse à servante : j'ose dire de l'amitié.

Lorsque Charles Marchal vint nous rendre visite à Palaiseau, notre quotidien en fut bouleversé.

Le « mastodonte », comme nous l'appelions à Nohant, emplissait la villa de ses éclats de voix, de ses rires, de ses chansons grivoises et de ses évolutions pachydermesques. Il ne nous quittait que pour aller, chaussé de sabots à cause de la boue, emmitouflé dans une immense cape noire, coiffé d'un chapeau aux bords effrangés, planter son chevalet sur une rive de l'Yvette, près de l'auberge où, le dimanche, des familles venaient prendre le bon air et les rapins barbouiller des paysages.

Au cours d'un repas, il nous lança entre deux bouchées :

– George, je ne comprends pas qu'une femme comme vous, encore pleine de vie et d'enthousiasme, puisse jeter l'ancre dans ce trou. Nom de Dieu ! Moi, je n'arrête pas de bouger, de m'intéresser à tout, d'entreprendre. Si un jour tout ça m'était interdit, ce n'est pas sur le bord de l'Yvette que je déciderais de finir mes jours, mais dans l'eau.

Il avala un verre de vin avant d'ajouter :

– Gargilesse… Je songe souvent à Gargilesse. J'aime ce nom et cet endroit. J'y ai vécu, en votre compagnie, des moments i-nou-bli-a-bles. J'en ai gardé une impression bizarre : celle de vivre dans un poème de pierre, de verdure, d'eaux vives… Si le paradis existe, c'est là qu'il doit se situer. Nostalgie… nostalgie, quand tu nous tiens… Putain de sort ! Comme j'ai envie d'y revenir...

Il posa sa lourde patte d'ours sur la main frêle de madame.

– Il y a longtemps que vous n'y êtes pas retournée ?

– Longtemps, oh oui !

– Et vous en avez envie ?

– De temps en temps, ça me manque, oui.

– Eh bien, madame, nous allons partir, vous et moi, pour Gargilesse. Je vous offre le voyage et le séjour.

– Vous plaisantez, mon ami ?

– En ai-je l'air ? Si vous êtes consentante, nous prendrons demain le chemin de fer pour Châteauroux, et en voiture pour le paradis !

– C'est impossible ! J'ai rendez-vous demain avec Buloz, mon éditeur, et...

– Décommandez ! Il faut battre le fer tant qu'il est chaud. Et le mien est au rouge.

Madame, après le dessert, se retira seule dans le jardin, laissant le « mastodonte » à sa sieste. Quand il en émergea, bâillant et se frottant le ventre, il me dit, planté devant la fenêtre :

– Regarde-la ! Elle meurt d'envie d'accepter ma proposition. C'est d'ailleurs ce qu'elle va faire. Rester dans cette banlieue de merde ne lui vaut rien. Cette solitude à trois la mine, je le sens. Il faut la tirer de ce piège.

Je protestai :

– Nous recevons des visites : Dumas, Flaubert, le prince Jérôme… et le médecin qui vient presque tous les jours...

Il me fit écho en grimaçant :

–Dumas… Flaubert… Et gnangnangnan… La belle affaire !

– Ce voyage lui serait pénible et dangereux, à son âge. Elle a passé la soixantaine, et...

– ...et alors ? Elle est robuste comme le Pont-Neuf, mais somnolente. Je vais la réveiller, ta maîtresse, à ma manière. Je vais insuffler la vie à cette momie. Elle n'attend que ça !

Je me suis habituée, non sans mal, au langage trivial de ce malotru et me suis insurgée contre ses avances outrancières. Un jour où il me montra sa dernière toile : une vue de la villa, sa main descendit de mes épaules à mes reins.

– Bas les pattes ! lui dis-je. Vous faites fausse route.

Penaud, il me demanda ce que je pensais de sa toile. Je lui répondis qu'elle n'était pas meilleure que celles des peintres du dimanche.

– Petite garce ! Tu ne m'aimes guère, je le sens.

– À vrai dire, pas du tout. Si je vous fais bonne figure, c'est en raison de l'amitié que vous témoigne ma maîtresse. J'ignore comment elle a pu s'enticher d'un lourdaud comme vous.

– Eh bien, soupira-t-il, on peut dire que tu m'as servi mon paquet ! Ce n'est pas la première fois. Je me passerai donc de ton amitié, mais si tu reviens sur ces sentiments, tu sauras où me trouver.

J'allais riposter quand madame, ayant fini sa cigarette, nous lança :

– Mes enfants, c'est décidé. Marie, tu peux préparer mon bagage. Nous partons pour Gargilesse.

Ils partirent le lendemain, laissant ce pauvre Buloz le bec dans l'eau. Je fus chargée d'excuser madame, qui, lui dis-je, avait dû retourner à Nohant pour une affaire pressante.

Elle nous écrivit de Gargilesse des lettres empreintes de cet esprit primesautier dont elle usait volontiers. Elle retrouvait, pour nous parler de ses promenades, un lyrisme amphigourique, comme si elle venait de découvrir ces lieux, parlait avec émotion de leurs parties de pêche, de la saveur des vandoises qu'ils faisaient griller sur la berge, en compagnie d'un vieux pêcheur, et de ses repas à l'auberge Malleret, ainsi que des papillons dont elle enrichissait sa collection.

J'avais l'impression qu'elle nous écrivait du bout du monde. Cette voix lointaine et familière me rappelait la musique de ces automates qui remontent du fond des temps pour nous chanter leur petit air mélancolique.

Humilié, se croyant abandonné à jamais, monsieur Alexandre resta plusieurs jours sans m'adresser la parole, sinon pour me rabrouer.

– Marie, tu n'aurais pas dû la laisser partir ! Ce caprice de vieille dame est indécent.

Je protestai.

– Si quelqu'un devait s'opposer à cette fugue, c'était vous !

– C'était impossible. Elle aurait cru à de la jalousie de ma part et m'aurait ri au nez. Toi, elle t'aurait écoutée. Tu es sa conscience. Mon Dieu, dans quel état il va nous la ramener, s'il nous la ramène ?

Elle nous revint dans un état de fraîcheur et d'alacrité qui nous déconcerta, avec un teint de « brique cuite », comme elle disait en se regardant dans son miroir, un nez pelucheux et des mains couleur de pain bis, aux ongles cassés, comme si elle avait remué des pierres. Elle nous raconta qu'elle s'était baignée tous les jours, « dans une eau plus fraîche que celle de l'Yvette ».

Elle avait rajeuni de dix ans.

– Mes enfants, nous annonça-t-elle d'un air de triomphe, je viens de prendre une grande décision : tous les ans, nous irons passer un mois à Gargilesse. N'est-ce pas, mon gros lapin ?

Le « gros lapin » opina sans conviction.

Ni madame ni lui ne sont jamais revenus à Gargilesse.

Charles Marchal resta quelques jours en notre compagnie, avant de regagner Paris.

Un matin, alors que je m'apprêtais à aller acheter des fromages à la ferme voisine, il proposa de m'accompagner, ce que je ne pus lui refuser. « Pour t'épargner de mauvaises rencontres... », me dit-il en plaisantant. Je lui abandonnai ma main, mais, d'une voix ferme, lui interdis ma taille.

– Cessez vos manigances. Madame est à la fenêtre.

– Tu persistes à faire ta mijaurée. Dommage ! J'aurais eu plaisir à te faire visiter mon appartement et mon atelier.

– Votre chambre aussi, sans doute ?

– Pourquoi pas ? Je n'arrive pas à comprendre comment une femme comme toi, encore jeune et séduisante, peut vivre avec cette vieille dame et ce malade. Ça ne doit pas être drôle tous les jours.

– J'en conviens, mais je suis fidèle en amitié comme en amour. Un sentiment qui vous est étranger.

– En amour, peut-être, mais pas en amitié... J'ai appris que Maurice a été ton amant, mais, après lui, personne ?

– N'attendez pas de moi que je vous fasse des confidences et gardez vos mains dans vos poches. Vous m'ennuyez, à la fin !

Je savais, par Lina, qui tenait ces révélations de monsieur Maurice, que Marchal était une bête de plaisir, que ses bonnes fortunes ne se comptaient plus et qu'il n'était guère exigeant quant au choix de ses partenaires. Ce colosse qui plaisait aux femmes ne provoquait en moi que répugnance, moins en raison de son physique, qui aurait pu me séduire, que de ses façons grossières. Marchal et moi, quel couple incongru nous aurions fait ! J'osais à peine y penser.

Tout le temps qu'il resta à Palaiseau où il paraissait se plaire, je me gardai de lui parler de ses rapports intimes avec ma maîtresse. C'est lui qui m'en fit confidence.

– Je sais, me dit-il, que toi et Manceau avez réprouvé cette fugue. Ta maîtresse m'a confié que, depuis des années, elle n'avait pas fait l'amour. Je peux te dire que ça lui manquait ! Une bacchante...

– Vous êtes odieux ! Ne m'en dites pas plus, sinon je me charge de vous faire expulser.

Ces brèves conversations, que j'aurais dû oublier, ont fait resurgir en moi une obsession latente. Il m'aurait plu de rencontrer, dans l'entourage de madame, l'homme avec qui j'aurais aimé partager ma vie. Sans doute en raison de mes exigences, je n'avais pas trouvé de quoi me satisfaire. Quant aux oiseaux de passage, artistes, écrivains, comédiens, si certains tentaient leur chance, je les décourageais vite.

Madame semblait s'être désintéressée de ma situation sentimentale. Je lui en savais gré, redoutant que l'idée lui vînt de me jeter dans les bras d'un de ces fils à papa timides et boutonneux, de La Châtre ou de Châteauroux, qui lui rendaient parfois visite dans le sillage de leurs parents. Elle n'en fit rien, peut-être, me disais-je avec une vanité déplacée, pour ne pas se séparer de moi. Nous étions attachées l'une à l'autre, j'ose le dire, par des liens d'affection, de confiance, de complicité. Pour que j'eusse consenti à la quitter, il m'eût fallu trouver un garçon sur mesure. Pour ce qui est du physique, je n'aurais pas manifesté trop d'exigence, à condition qu'il ne fût ni infirme, ni malade, ni assimilable à un laideron. Je cherchais un gage de durée dans le cœur et la tête.

C'est un choix qui ne pouvait se porter sur Marchal.

Lorsque son état de santé connaissait une trêve, nous emmenions monsieur Alexandre à Paris.

C'était toujours pour lui une fête, même s'il revenait fatigué de ces sorties, parfois éprouvantes. Nous le conduisions au théâtre ; il se montrait sévère dans ses critiques. J'ai relevé dans son agenda quelques lignes relatives à une pièce d'un auteur sans talent, sans succès et sans avenir : « *Pourriture de merde, infection, crétinisation populaire ! Madame s'y est amusée. Moi, je suis furieux !* » Et encore, à propos d'une autre comédie : « *L'acte devient aussi flasque et aussi cul qu'avant !* » Devenu critique théâtral, il eût soulevé des tempêtes.

Au début de l'hiver, brusquement, madame décréta que nous irions passer quelques jours à Nohant.

Elle en mourait d'envie depuis peu. Son fils lui manquait. Elle ne le voyait, à Paris, qu'entre deux portes, avec ou sans Lina, dans le foyer d'un théâtre ou au cours d'un repas au Magny où madame avait fait ses débuts dans la société littéraire.

Il avait de plus en plus de mal à se dépêtrer de la gestion de son domaine, qui rapportait à peine de quoi faire vivre la maison. Monsieur Alexandre supporterait-il ce voyage par le chemin de fer ? Le docteur Morère, notre voisin de Palaiseau, se montrait optimiste. Il partirait donc, madame ne pouvant se résoudre à le laisser seul et refusant de voyager sans être accompagnée.

J'avais redouté que ce séjour fût l'objet de nouvelles frictions entre monsieur Maurice et notre malade. Il n'en fut rien. Entre le 4 novembre, date de notre arrivée, et le 15 décembre, celle de notre retour, nous traversâmes des journées paisibles, que madame savourait comme un dictame. Ella avait vite repris ses habitudes, brodant au coin de l'âtre ses sempiternels dossiers de chaise, participant à des parties de domino, se gavant de châtaignes, de noix et de confitures. Elle allait chaque jour flâner autour de l'église, bavarder avec les voisines et contempler les fresques moyenâgeuses que le curé avait découvertes sous un enduit de plâtre. Elle suivait des chemins où des souvenirs se ranimaient à chaque pas.

À peine installée, elle avait aidé son fils à écrire une comédie sur laquelle il peinait. Dans l'esprit de monsieur Maurice, elle n'était pas destinée au théâtre du château, mais à une scène parisienne.

Les soirées consacrées aux lectures à haute voix du travail de la journée se déroulaient dans une ambiance sereine, monsieur Maurice ayant renoncé à son hostilité envers son ancien compagnon, et monsieur Alexandre faisant assaut de complaisance envers lui.

Je trouvai du changement dans le personnel.

Ma chère Noémie n'était plus de ce monde. Peu avant notre arrivée, elle avait été trouvée morte dans son lit, son cœur s'étant arrêté de battre au cours de la nuit. Joséphine avait fait son baluchon depuis quelque temps déjà à la suite d'une violente altercation avec le maître, qui ne lui avait pas réglé ses gages depuis des mois.

Nous retrouvâmes la *Villa George-Sand* au milieu d'un délicat paysage de Noël, sous une dentelle de neige. Malgré les soins de la voisine, les canards mandarins étaient morts de froid dans leur niche, près du bassin où nous les nourrissions de grenouilles et de limaces.

Le lendemain, monsieur Alexandre dut s'aliter, suite à une sévère hémoptysie. Madame écrivit dans son agenda : «*Il s'agit d'un petit crachement de sang. Rien, à coup sûr.*» Voire...

Les diagnostics du docteur Morère me parurent marqués d'un optimisme dangereux. Je persuadai madame de conduire d'urgence son malade à Paris, et de demander à un pneumologue émérite, le docteur Leclère, de l'examiner plus sérieusement. Il confirma le jugement du docteur Morère et prescrivit un traitement à base d'arsenic.

Monsieur Alexandre bougonna :

– Il en a de bonnes, ce Diafoirus ! De l'arsenic, comme s'il voulait abréger ma vie... C'est un emplâtre sur une jambe de bois ! Nom de Dieu, ils s'en foutent que je souffre comme un chien, que j'aie du mal à respirer, que j'étouffe à crever. Parfaitement ! Je suis aux trois quarts crevé !

Madame persistait à croire au miracle. Elle me disait d'un ton paterne :

– Je ne crois pas, comme Morère, qu'il s'agisse d'une simple bronchite, mais il se peut qu'il ne souffre que de quintes de toux.

Un tel aveuglement me consternait, d'autant qu'elle avait connu les mêmes symptômes avec Chopin.

Aux premiers beaux jours, engoncé dans une pèlerine jusqu'aux yeux, monsieur Alexandre descendit dans le jardin pour surveiller les plantations. J'ai relevé dans son agenda : « *On travaille aux rocailles, on plante du lierre, on nettoie le bassin, on construit le volcan du jet d'eau* (sic), *on verse dans le bassin le contenu de deux bouteilles de vin. Madame est dans la joie...* » Il surveillait de même les ouvriers venus procéder à quelques aménagements. Il poursuivait fiévreusement sa collaboration avec madame pour deux romans qui seraient cosignés : *Montrevêche* et *Le Bonheur.*

Ils ont fêté la Saint-Sylvestre en tête à tête, comme un couple de retraités. Je leur ai préparé leur plat favori : un pot au feu, avec, comme dessert, une tarte aux groseilles de Nohant. Sur le coup de minuit, nous avons ouvert une bouteille de champagne et nous sommes embrassés. Je me suis endormie dans l'état d'esprit d'un gardien de cimetière.

Quelques jours plus tard, une tempête d'une violence peu commune s'est abattue sur la contrée. La villa en fut secouée, au point de nous attendre à voir notre toit s'envoler. Monsieur en fut très affecté.

Le lendemain, par un temps plus clément, madame et son malade poursuivaient la rédaction du *Bonheur*.

– Cela me rappelle, me dit madame, le roman que Jules Sandeau et moi avons écrit dans les premiers temps de notre liaison, à Paris : *Rose et Blanche*. Je n'ai jamais eu le courage de le relire, tant c'est mauvais...

Les premières chaleurs d'avril, loin de réconforter monsieur, aggravèrent son état de santé.

J'ai relevé quelques lignes de son agenda : « *Je suis vanné, d'une faiblesse extrême. Le soir, madame fait un tour dans le jardin. Moi, je n'en ai pas la force ni le courage.* »

L'arsenic prescrit par le docteur Leclère n'ayant eu aucun effet concluant, madame résolut de demander une consultation au docteur Demarquay, autre pneumologue en renom. Le praticien lui ordonna un traitement à base d'inhalation d'oxygène et des bains d'eau sulfureuse. Selon son humeur, le malade suivait scrupuleusement ces prescriptions ou les négligeait.

Il souffrait toujours atrocement : « *Je tousse mes tripes et mes boyaux. J'en ai les flancs soudés et les poumons vides. Je tousse à émouvoir des bourreaux et je sue comme un alcarazas... Il paraît que je vais bien ! C'est à crever de rire... Maintenant, je passe à l'iodure de fer, au malaga et au quinquina... Je suis méchant comme un âne, le cul sur ma chaise. C'est gai ! Elle est triste, la dame* (sic) *de me voir ainsi. Pourtant je fais ce que je peux pour rire, aussitôt que la fièvre veut bien m'oublier...* »

Nous étions avec lui des anges de patience.

En dévidant cette litanie de misère et de souffrance qui scandait une lente et pénible montée vers le Golgotha, j'ai le cœur qui se crispe. Durant des mois, madame et moi avons vécu dans l'intimité d'un malade irascible, dont les jours étaient comptés et qui le savait. Parfois la lassitude nous accablait. Il nous arrivait d'échanger un souhait : que la fin intervînt rapidement.

Au début de juin, surprise : une brève visite du prince Jérôme. Il proposa à madame de présenter le malade à un de ses amis, le médecin Ricord, une sommité. Madame le remercia, se proposa de réfléchir et renonça. Un Diafoirus de plus ? Inutile.

Madame recevait de temps à autre des nouvelles d'Edmond Planchut, son partenaire dans la chasse aux papillons, à Gargilesse. Rien ne prédisposait ce personnage à un compagnonnage insolite, si ce n'est un événement qu'il se plaisait à raconter avec une faconde fleurie. Il avait l'air, en parlant, d'un ermite qui, dans son désert, voit apparaître l'image de Dieu.

Le jour où Edmond Planchut fit notre connaissance, il avait participé à de nombreuses expéditions scientifiques à travers le monde. Un jour, son navire avait été rejeté par une tempête sur les côtes africaines, dans l'archipel du Cap-Vert. Ce fut le début d'une étrange aventure.

Il faut dire qu'il avait une manie : il faisait collection

d'autographes. Dans ses voyages, il ne se séparait jamais de son album qui comportait d'illustres paraphes : ceux de Victor Hugo, d'Eugène Sue… et de George Sand.

Son séjour involontaire dans cette colonie portugaise fut, au début, un calvaire. Traité en pirate, il avait dû disputer son bagage à la convoitise des Noirs, sans pouvoir compter sur la compréhension et l'aide du consul de France.

C'est alors qu'il rencontra, par hasard, un érudit portugais qui le recueillit et auquel il montra son trésor. Son hôte sursauta.

– Vous avez un autographe de George Sand ! J'ai lu quelques-uns de ses romans. C'est admirable ! J'ai son portrait dans ma chambre, avec une vingtaine de ses romans.

Edmond Planchut passa en compagnie de ce personnage quelques jours de farniente, servi par un essaim de jeunes servantes noires chargées de tromper sa solitude et son ennui.

Réputé pour ses travaux en matière de minéralogie et de faune, ce savant bénit le ciel lorsque, à Tamaris, il rencontra l'illustre romancière en convalescence. Avec son allure de globe-trotter, sa barbe de corsaire et sa faconde prolifique, il fit sa conquête. Elle lui dit :

– Puisque vous vous intéressez, entre autres choses, aux insectes, venez donc nous rejoindre à l'« Afrique ».

– L'Afrique, madame, mais j'en sors et ne suis pas près d'y revenir.

– Nous désignons ainsi une vallée du Bas-Berry connue pour son microclimat qui engendre une flore et une faune très particulières. Vous pourriez y faire des découvertes.

C'est ainsi qu'un mois plus tard Edmond Planchut débarquait à Gargilesse avec une malle pleine de grimoires et de collections. Il allait passer des semaines en prospections, en découvertes, en promenades d'agrément et en repas plantureux à l'auberge.

De retour à Paris, séparé de ses amis par de nouvelles expéditions et son travail à l'Institut, il ne manqua jamais de les tenir au courant de ses découvertes.

8

Dernier sommeil

Je ne saurais passer sous silence une amitié plus intense encore mais d'une autre nature, qui a intéressé la vie de ma maîtresse : celle qu'elle a partagée avec un grand écrivain, Gustave Flaubert. Cette amitié littéraire exempte de toute équivoque a duré des années.

De leur première rencontre, à Paris, je sais peu de chose, madame ne m'en ayant parlé qu'à mots couverts, alors qu'elle n'avait aucun secret à protéger.

Ils s'étaient rencontrés au début de l'hiver 1862, à la première du *Marquis de Villemer*, dans le foyer de l'Odéon, puis à un dîner organisé au Magny par les frères Goncourt. C'était peu après la publication de *Salammbô*, le roman de cet auteur que je préfère, et celui pour qui la critique n'eut que de l'estime. Edmond de Goncourt disait : « *Ce roman, ce n'est rien ! Pour retrouver l'histoire, il faut inventer le vraisemblable.* » Si les critiques boudèrent, le public lui fit un triomphe.

J'ai trouvé, dans le *Journal* des deux frères, un bref

portrait de l'écrivain : « Très *grand, très fort, de gros yeux saillants, des paupières soufflées, des joues pleines, des moustaches rudes et tombantes, un teint martelé et plaqué de rouge.* »

Deux ans plus tard, il avait, me dit madame, grossi sans perdre sa majesté de chef viking. Plus jeune qu'elle de dix-sept ans, il vieillissait précocement, accablé qu'il avait été par la disparition de quelques êtres chers, et par la fatigue résultant de la rédaction de ses romans, un travail qui l'assimilait à un galérien.

À lire les premiers jugements exempts de toute complaisance qu'il portait sur la « mère Sand », on n'aurait pu imaginer qu'ils allaient partager une amitié sans faille, une certaine tendresse de mère à fils et une grande liberté d'expression dans leurs rapports. Il avait écrit, je m'en souviens : « *Mes romans ne s'adressent ni aux écoliers de quatrième ni aux couturières qui lisent George Sand...* » Le moins qu'on puisse dire, c'est que c'était loin d'être un éloge.

Quelques années plus tard, alors qu'ils se connaissaient mieux, il l'appelait « chère maître »...

Quels courants mystérieux ont poussé l'un vers l'autre ces deux êtres d'exception, alors que rien ne les y prédisposait, ni leur inspiration, ni leur style, ni les thèmes de leurs œuvres, et moins encore leur façon de travailler ? Elle se laissait emporter par un torrent ; il s'accrochait aux branches.

Discrète comme une souris, assise sur un tabouret, les mains au creux de mes cuisses, j'ai souvent assisté à leurs entretiens, seuls ou en tête à tête avec des amis. Ils tournaient souvent à la controverse et jamais, ou rarement, à la dispute. Ils échangeaient, comme des maîtresses de maison, des « recettes de style », des ingrédients, des procédés. Flaubert donnait cours à son souci de bien « vêtir les idées, à la manière des grammairiens du Bas-Empire », comme disaient les Goncourt. Une intransigeance que madame jugeait puérile. Elle me disait parfois, à l'issue d'une de leurs soirées :

– Ce Flaubert est un gentil garçon, mais ce qu'il peut être assommant !

Flaubert avait été profondément affecté par la rupture de sa liaison avec une femme de lettres pour laquelle l'expression « bas bleu » semble avoir été inventée.

Il avait rencontré Louise Collet en 1846, peu de temps après avoir jeté sa gourme avec une femme de chambre, puis avoir connu une aventure avec une dame plus âgée que lui, Mme Schlésinger, qui lui avait inspiré un de ses romans : *L'Éducation sentimentale*. Il avait rompu avec Louise Collet trois ans plus tard, lorsque l'écrivain, en compagnie de son ami Maxime Du Camp, avait pris les routes de l'Orient. Il l'avait retrouvée à son retour, mais ils n'avaient pas tardé à se brouiller de nouveau, la belle Louise ayant cédé à Alfred de Musset. Dans un de ses romans, inspiré des amours entre Musset et George Sand – *Elle et Lui* –, elle présentait son amant comme un avare au cœur de pierre.

Une haine commune pour cette femme écrivain allait rapprocher Flaubert et ma maîtresse. Elle l'invita à Nohant ; il promit, tergiversa et prit quelques années de réflexion avant d'accepter.

Si madame entretenait encore quelque espoir quant à la guérison de monsieur Alexandre, je ne nourrissais quant à moi aucune illusion. Les accalmies qui se produisaient parfois dans cet interminable calvaire ne pouvaient nous tromper : elles duraient un jour ou deux, le transfiguraient, lui donnaient des ailes, mais l'oiseau restait au bord du nid, accroché à sa table de travail.

Il achevait dans la souffrance, mais sans consentir à bâcler son travail, sa dernière gravure : *Le Zouave blessé*, d'après une peinture d'Horace Vernet.

Comme jadis à Nohant, il tolérait ma présence et trouvait même en ma modeste personne un public sensible à son art. Le visage en sueur, un souffle rauque grondant dans sa poitrine, il faisait pitié, malhabile qu'il était à maîtriser la main qui maniait le burin. Il ne parvenait à bout d'un détail délicat qu'à force de patience et de volonté. Lorsque, dans un moment de lassitude ou de doute, il lâchait son outil, je souffrais pour lui, mais l'encourageais à se reprendre.

Il gémissait :

– Tu vois bien que je n'y arriverai jamais ! Ces horizons sont trop flous par rapport au premier plan. Mon travail n'est pas fidèle à l'œuvre du peintre. Il faudrait tout recommencer !

Je protestais, disant qu'on distinguait parfaitement, au loin, les arbres, les maisons, les soldats à l'affût...

– Votre travail est impeccable, monsieur. Aucun artiste ne pourrait faire mieux. Je crois même que cette gravure sera votre chef-d'œuvre, peut-être parce que, dans votre état, vous ressentez mieux la souffrance du soldat.

– Vraiment… soupirait-il. Tu crois que c'est réussi ?

– C'est conforme en tout point au modèle. Sauf peut-être ce chapeau, au pied du zouave… Mais c'est insignifiant.

– C'est bien ce qui me semblait. Je vais retravailler ce détail.

Il y avait, dans le regard éperdu de ce soldat blessé, assis sur un rocher, en train de verser les dernières gouttes de sa gourde dans un gobelet, une interrogation pathétique, comme si le graveur y avait mis sa propre angoisse de la mort.

Est-ce la perspective de la fin prochaine de son compagnon qui poussa madame, au cours du mois de juin, à provoquer un autodafé ? Au risque de déclencher un feu de cheminée, elle livra aux flammes des liasses de lettres, de manuscrits inachevés, de documents divers extraits de son coffre à reliques.

L'été de cette année 1865 se déroula avec des alternances de mieux et de pire pour notre malade, mais sans aucun espoir de guérison.

Le pessimisme de madame commençait à effacer ses doutes. Elle me confia d'une voix atone :

– J'ai perdu tout espoir de sauver notre pauvre ami. Tu le constates comme moi, ma chérie : il décline de jour en jour. Sais-tu ce que cet âne de Morère me disait hier, histoire, sans doute, de me rassurer ? Que Manceau n'en était pas à sa dernière extrémité et qu'il pouvait tenir encore une bonne quinzaine ! Ce matin, mon petit *Mancel* m'a appelée à son chevet pour me dire qu'il était d'humeur joyeuse. Et il a éclaté d'un rire qui sonnait faux et qui m'a fait mal. Qu'est-ce qu'il voulait bien me faire comprendre ? Qu'il se foutait de crever, peut-être...

Quelques jours plus tard, alors que nous soupions, madame et moi, nous sommes restées éberluées, en le voyant descendre de sa chambre d'un pas assuré, mais livide et squelettique, au point qu'il ressemblait à une momie délivrée de ses bandelettes. Il s'est assis à sa place en nous reprochant d'avoir oublié son couvert. Je me suis empressée de le poser devant lui et de le servir. Il a mangé une part de notre omelette avec un solide appétit, a terminé son repas avec une grosse tartine de confiture de groseilles de Nohant, envoyée par monsieur Maurice, et un verre de vin, puis il s'est endormi brusquement, la tête dans ses bras.

Nous avons eu beaucoup de mal à le remonter dans sa chambre.

Ce fut son dernier sommeil.

Nous étions à son chevet lorsque, en s'éveillant au milieu de la nuit, il a prononcé, avec des efforts, quelques paroles indistinctes mêlées à des gémissements. Il nous a regardées fixement et nous a dit qu'il voulait revenir à Nohant. Puis ses yeux se sont fermés et sa tête est retombée sur l'oreiller.

À l'aube il était mort.

Madame a passé à son chevet la journée qui a suivi.

Elle m'a demandé d'aller cueillir des roses dans le jardin pour en couvrir le lit mortuaire, et d'aller retenir une concession au cimetière de Palaiseau.

Prévenue par mes soins, la mère de monsieur Alexandre a répondu qu'elle s'abstiendrait d'assister aux obsèques, son fils, comme elle le supposait, ne s'étant pas confessé avant de mourir. Madame a murmuré entre ses dents serrées :

– Ah, les dévots, quelle race !

Elle m'a serrée contre elle et a soupiré dans mon cou :

– Nous voilà seules, à présent, lui, là, à côté de nous, dans sa petite chambre, près de son établi. Je n'entendrai plus sa respiration et sa voix, quand il m'appelait pour que je l'embrasse. La nuit prochaine, ce sera le silence, Marie, le silence, tu comprends ?

– Vous ne serez pas seule, madame. Je serai là, aujourd'hui, demain, toujours si vous voulez encore de moi.

– Je le sais, mais, vois-tu, personne ne remplacera mon petit *Mancel*. Non, personne. Pas même toi, ma chérie...

Sitôt prévenu, Maurice accourut. Le chagrin de madame s'en trouva soulagé.

Il laissa libre cours à sa colère en apprenant que le curé de Palaiseau avait refusé de prêter le matériel nécessaire aux obsèques. Nous avions dû nous contenter de couvrir la bière d'un drap sur lequel nous avions répandu les roses encore fraîches malgré la chaleur d'août. Des voisins compatissants nous avaient aidés à transporter le corps au cimetière, porté par quatre hommes.

Le soir venu, madame écrivit sur son agenda ces simples phrases :

« *Me voilà rentrée à la maison, seule pour toujours. J'ai beaucoup de bons amis et mon fils est mon âme même. Je vivrai pour lui et j'aimerai les braves cœurs. Oui, oui, toi qui m'as tant aimée, sois tranquille : ta part reste impérissable...* »

9

Le vieux troubadour de pendule

Nous restâmes quelques jours à Palaiseau, passé les obsèques, avant de regagner Nohant.

Demeurer plus longtemps dans cette maison, trop chargée de souvenirs pénibles, n'aurait fait qu'augmenter notre chagrin. Par testament, le défunt l'avait léguée à madame, à charge pour elle de la confier à son fils, après sa mort. La bicoque de Gargilesse revenait à monsieur Maurice.

– Tant que je vivrai, me dit madame, je refuserai de me séparer de cette villa qui porte mon nom. Ce serait faire mourir une nouvelle fois mon pauvre ami. Trop de souvenirs s'y rattachent. Bons ou mauvais, ils me sont chers. Je ferai de même pour mon appartement des Feuillantines, mais pour une autre raison : il m'est utile pour mes séjours à Paris.

Elle confia à des voisins le soin d'entretenir la villa en son absence. Ils lui donnèrent toute satisfaction.

Charles Marchal n'était pas sorti de sa vie; il n'avait fait que s'en éloigner. Elle le traita en ami plus qu'en amant, peu soucieuse de renouer leurs relations passées, que ni l'un ni l'autre n'aurait voulu ou pu assumer de nouveau.

Ils allèrent dîner au Magny. Madame y retrouvait de vieilles connaissances et des souvenirs, beaucoup d'entre elles ayant disparu. Elle traîna son «mastodonte», comme un animal familier, au Théâtre-Français où l'on donnait la comédie-proverbe de Musset: *On ne badine pas avec l'amour*. Elle en revint bouleversée. À travers cette pièce, elle avait revécu quelques épisodes de leurs amours et jusqu'à des propos qu'ils avaient échangés. Elle le mena de même au cirque et au Lyrique pour une représentation du *Don Juan*, de Mozart.

Elle aurait volontiers continué à faire de Marchal son chevalier servant ou son prince consort, mais il rechignait à cet honneur redoutable: il ne tenait pas trop à s'exhiber au bras de cette femme qu'on disait sa maîtresse et qui avait l'apparence d'une matrone.

Le Berry, où elle passait désormais le plus clair de son temps, façonnait une image nouvelle de sa personne: celle de la «bonne dame de Nohant». Loin de la fièvre parisienne, elle y menait une existence de châtelaine rustique, visitait ses métayers, bavardait avec ses voisins, gâtait leurs enfants et, renouant avec une vieille habitude, allait prendre dans l'Indre sa baignade quotidienne.

Les dévotes respiraient: plus de fêtes profanes au château, de spectacles, de concerts, de bals de nuit… Le silence nocturne n'était troublé que par le chant des rossignols et le hululement des rapaces.

Lina donna naissance à un nouvel enfant, une fille que l'on appela, comme sa grand-mère, Aurore. Elle était la quatrième à porter ce prénom, dans la dynastie du maréchal Maurice de Saxe et de la princesse de Koenigsmarck. La manie de madame de donner des surnoms à ses petits-enfants fit qu'on l'appela Lolo, d'un terme que le bébé employait pour réclamer sa nourrice.

Lina disait à madame :

– Voyez comme Lolo vous ressemble. Elle a vos yeux, votre bouche, et aura des cheveux aussi bruns et abondants que les vôtres.

Madame protestait :

– Il est encore un peu tôt pour en être certain. Regarde-moi, Lina ! Dieu veuille que la ressemblance s'arrête là...

Aux beaux jours, des oiseaux migrateurs nous vinrent de Paris. Moins des célébrités du monde des lettres et des arts, comme jadis Balzac, Gautier, Liszt ou Delacroix, qu'une nouvelle génération attirée par le rayonnement de l'écrivain, avec des comportements de pèlerins. Ils ne s'attardaient que le temps de déposer leurs hommages à ses pieds et leurs dernières œuvres sur son bureau. Lorsqu'elle se savait en confiance, elle consentait à les écouter et à leur parler de ses propres œuvres.

Aucun de ces passants n'a marqué ma mémoire d'une trace indélébile. L'arbre Flaubert, notre ami privilégié, nous cachait cette forêt. Madame se faisait une joie de lui ouvrir sa porte. Elle l'appelait, Dieu sait pourquoi ! son «vieux troubadour de pendule». Étrange expression : cet écrivain n'avait rien d'un troubadour.

Après la mort de monsieur Alexandre, il lui avait rendu visite à Palaiseau, la veille de notre départ, et avait dissipé le plus gros de son chagrin. La fumée de sa pipe, où il grillait un atroce tabac noir, empestait au point que je devais ouvrir la fenêtre en sa présence.

Soucieux de terminer je ne sais quel roman sur lequel il travaillait depuis des mois, peut-être des années, il avait longtemps reporté son voyage à Nohant. Aux lettres de madame, il répondait :

« *Vous avez toujours un pied en l'air. Moi, je suis un sédentaire. Venez donc chez moi, en Normandie. Ma mère sera heureuse de faire votre connaissance...* »

L'été qui suivit la mort de monsieur Alexandre, madame céda à cette invitation et me demanda de l'accompagner, car ce voyage long et fatigant requérait ma présence.

L'écrivain nous attendait en gare de Rouen avec sa voiture. Il nous fit promener à travers la ville pour nous en faire visiter les monuments, notamment l'Hôtel-Dieu, où son père avait été chirurgien et où il était né. C'est un autre lieu que madame avait hâte de connaître : l'ermitage du solitaire, à Croisset. Lorsqu'elle le lui eut fait comprendre, il fit demi-tour, et fouette cocher !

Madame Flaubert veuve, lui célibataire convaincu, habitaient au bord de la Seine une maison à l'anglaise, de dimensions modestes, au milieu d'une pelouse plantée d'un tulipier. L'écrivain vivait sous la souple tutelle d'une mère pleurnicharde, accueillante au demeurant. Elle veillait sur son rejeton comme une mère poule, écartant de lui les relations suspectes, celles, notamment, de «belles dames» tentées de lui ravir ce gros poussin, sa raison de vivre. Précaution superflue : Flaubert répugnait aux expériences matrimoniales. Les amours tarifées des prostituées de Rouen ou de Paris suffisaient aux besoins de sa puissante nature, mais le plaisir qu'il retirait de ces rencontres lui laissait des souvenirs cuisants.

Le soir de notre arrivée, je m'ennuyai ferme et faillis m'endormir, fatiguée par le voyage, lorsque notre hôte entreprit de nous donner lecture de l'œuvre sur laquelle il travaillait : *La Tentation de saint Antoine*. Il s'arrêtait à tout bout de champ pour requérir l'avis de madame sur l'harmonie d'une phrase ou l'exactitude d'une expression. Par chance, ce texte a la dimension d'une nouvelle. Madame bâillait discrètement derrière son éventail mais se déclara enchantée.

– Ah, maître ! vous m'avez envoûtée... Le passage qui commence ainsi : «*Je hâte la dissolution de la matière, je facilite l'éparpillement des atomes...*», est un chef-d'œuvre.

– «*Des germes*», corrigea Flaubert.

– On dirait du Goethe, du Byron, le Hugo de la *Légende des siècles*... Je le réentendrais avec joie, de votre bouche.

– Qu'à cela ne tienne, chère amie !

Il reprit la lecture de ce passage de sa belle voix grave, et nous expliqua qu'il avait eu la révélation du sujet à Gênes, devant une toile de Brueghel. Les tentations auxquelles était soumis son héros étaient les siennes propres, et elles n'avaient pas fini de le harceler...

Madame Flaubert s'était endormie dans son fauteuil. J'aurais volontiers fait de même si l'écrivain, de temps à autre, n'avait sollicité mon avis. Madame, elle, paraissait débordante d'enthousiasme. Elle se montra surprise que cette œuvre admirable n'eût pas encore été publiée.

Il lui répondit, en allumant sa pipe :

– Pour deux raisons, ma chère : je la remets sans cesse sur le métier, au point que j'ignore si j'en viendrai à bout ; ensuite, selon quelques amis, elle est impubliable. Je ne suis pas loin de partager leur avis.

– Ils ont tort, et vous aussi ! Cette œuvre devrait plaire à un large public. Qu'en dis-tu, Marie ?

À moitié endormie, je sursautai et bredouillai :

– Ma foi, madame, je partage votre avis.

Nous en restâmes là, du moins pour ce qui est de cette lecture. Flaubert fumait son affreux tabac noir et madame ses cigarettes, si bien que cette tabagie me donna des nausées et que je demandai la permission de me retirer. Il était minuit passé. La vieille dame, armée d'un chandelier, me conduisit au premier, à ma chambre qui donnait sur le jardin et le fleuve.

J'appris, au cours du déjeuner, que Flaubert et madame avaient poursuivi leur entretien jusqu'à deux heures, et qu'il avait porté sur leur conception de la religion, un sujet qui leur était cher. Elles étaient sinon opposées, du moins discordantes, mais, loin de provoquer des heurts, ils en tiraient profit.

Depuis des lustres, j'étais informée de l'opinion de madame dans ce domaine. Cela peut se résumer en une phrase : elle croyait en Dieu mais détestait l'Église. À partir de cette évidence, les digressions abondaient. Flaubert était plutôt obsédé par des problèmes de société. Il nourrissait une utopie lancinante : répugnant au socialisme prôné par son amie, il aspirait à une société dominée par une élite, en redoutant qu'elle ne vît jamais le jour. Un âpre pessimisme s'exprimait dans ses propos.

La promenade que nous proposa Flaubert fut pour moi un calvaire et pour madame un ravissement, du moins à l'entendre. Après une nuit balayée par des foucades de vent qui faisaient chanter les tuiles, le temps de ce premier jour était exécrable : brouillasse épaisse et gluante, vent glacial. Nous avons poussé dans son canot jusqu'à La Bouille, en aval de Rouen. Madame est tombée en extase, en regardant, à travers les carreaux de l'auberge, une fausse nuit tomber sur un paysage de cauchemar.

Nous sommes rentrés avec le mascaret. Après le souper, le temps s'étant levé, Flaubert nous fit monter jusqu'à la haute colline de Canteleu, où la vue porte sur l'immensité du fleuve, avec, dans un lointain brumeux, le port, la ville énorme et les flèches des églises de Rouen.

Je craignais qu'après le souper Flaubert ne nous infligeât une nouvelle lecture de ses œuvres. Il nous l'épargna. Notre soirée fut occupée par une joyeuse partie de bésigue. Bien qu'enrhumée, madame lui donna la réplique et ne se coucha qu'à deux heures du matin, comme la veille. De quoi, diable, ont-ils parlé ? Je l'ignore.

Il pleuvait sur Paris quand nous nous retrouvâmes rue des Feuillantines, avec, encore tout humides dans notre mémoire, des images de monuments drapés de brume, de prairies boueuses, de fleuve démonté par le mascaret et, dans l'oreille, les accents volubiles du barde inspiré.

Une fois de retour à Nohant, à peine les travaux de septembre terminés, madame qui, comme disait Flaubert, avait toujours « un pied en l'air », me parla d'un nouveau voyage qu'elle rêvait d'accomplir.

– Nous allons, Lina, Maurice et moi, partir pour la Bretagne. Nous te confierons Lolo.

– La Bretagne, madame ? En cette saison ?

– Eh bien, quoi ? Ça semble te surprendre. Rassure-toi, nous n'allons pas nous éterniser. Il s'agit avant tout d'un voyage de travail.

Elle m'expliqua qu'elle collaborait avec son fils pour une pièce de théâtre dont il avait eu l'idée et qui portait un drôle de titre : *Pied sanglant*. Il avait pour décor la Bretagne au temps de la Révolution. Ils avaient besoin, pour donner plus de véracité à cette œuvre, de voir le pays, les habitants, de leur parler...

– Maurice est ravi de ce voyage avec sa vieille mère. S'il n'avait pas accepté de me suivre, je serais partie seule. Avec toi, bien entendu, ma chérie.

Avant son départ, comme elle le faisait souvent, elle me fit lire une lettre destinée à Gustave Flaubert qui, me dit-elle, l'avait « emballée ». Elle le tutoyait, ce qui, chez elle, était la marque d'une sincère affection. J'en ai gardé une copie :

« *Je suis vraiment touchée du bon accueil que j'ai reçu dans votre milieu de chanoine, où un animal errant de mon espèce est une anomalie que l'on pourrait trouver gênante. Au lieu de ça, on m'a reçue comme si j'étais de la famille, et j'ai vu que ce grand savoir-faire venait du cœur. Tu es un brave et bon garçon, tout grand homme que tu es, et je t'aime de tout mon cœur...»*

Durant une quinzaine, par un soleil chaleureux d'arrière-saison, ils parcoururent la Bretagne et retournèrent à Nohant la tête foisonnante d'idées et de personnages. La pièce qu'ils avaient prévu d'écrire à deux mains allait devenir un roman dialogué. Madame retourna à Palaiseau pour travailler plus à l'aise à cette œuvre à laquelle elle avait choisi de donner un nouveau titre : *Cadio*.

En suivant, au jour le jour, la réalisation de ce projet, je pouvais constater que l'ardeur révolutionnaire de madame, loin de péricliter, n'avait fait que se renforcer, malgré l'âge et la fatigue. Le soir, elle me lisait ou me faisait lire les pages écrites dans la fièvre ; elle me savait gré de mes critiques, parfois sévères, toujours exemptes de complaisance. Pour m'ériger en critique, je devais faire appel à mon bon sens plus qu'à une érudition restée sommaire, encore que, la trentaine passée, je me fusse gavée de lectures qui auraient pu sembler éclectiques mais n'étaient qu'anarchiques.

La veille de son retour à Nohant, où madame souhaitait passer en famille les fêtes de fin d'année, elle tomba malade dans son appartement de la rue des Feuillantines, où, après Palaiseau, elle resta quelques jours, et où elle dut garder la chambre. Elle souffrait du ventre et digérait difficilement.

Dès qu'elle reprit quelques forces, son premier souci fut de me dicter une lettre à son «vieux troubadour».

– Dis-lui que j'ai failli claquer et que mon intention est d'aller me reposer dans le Midi.

Elle gardait la nostalgie de ces contrées. Les plantes de Provence lui « trottaient encore dans la tête ».

– Tu ajouteras : « *Je me désintéresse de tout ce qui n'est pas mon petit idéal de travail paisible, de vie champêtre, de tendre et pure amitié… Je crois, toute guérie que je suis, que je ne vivrai pas longtemps. Je tire de cet avertissement* (sa maladie), *un calme toujours plus calme…* »

Sans qu'elle parût s'en émouvoir outre mesure, la mort de monsieur Alexandre lui avait fait appréhender la sienne propre. Elle parlait rarement de celui qui avait partagé quinze ans de son existence, mêlant dans leurs relations l'amour (ils s'étaient vraiment aimés), l'affection et la tendresse. Elle hésitait même à prononcer son nom et usait du pronom personnel, ce qui pouvait prêter à équivoque. Elle disait : « *Il* aurait aimé ça… *Il* me disait jadis… » Il me fallait parfois un effort pour suivre le cheminement de sa pensée, et lui fournir la réponse qu'elle attendait.

Elle ne s'attardait guère à des sentiments susceptibles de l'entraîner dans une nouvelle aventure dont la perspective l'effrayait, de réanimer le substrat de passion qui somnolait encore en elle. On la voyait souvent paraître à Paris, dans des réceptions, des repas ou des spectacles, au bras d'un jeune homme fier comme un coq, heureuse de deviner dans les regards qui se braquaient sur elle de la surprise ou de l'envie. Les frères Goncourt ont écrit sur ce comportement insolite une page que je répugne à transcrire, tellement elle est odieuse.

On lui a reproché d'avoir le cœur sec sous prétexte

qu'elle avait paru insensible au décès de monsieur Alexandre et qu'elle en parlait avec détachement. Elle avait trop pleuré durant l'agonie de ce pauvre homme pour qu'il lui restât des larmes à sa mort, pour tous une délivrance. Insensible, madame ? Qui, la connaissant comme je la connais, oserait l'affirmer ? Avec sa longue expérience des êtres humains, elle avait fini par ne plus considérer la mort comme un épouvantail mais comme une loi inexorable de la nature, une porte ouverte sur la sérénité éternelle, à la droite d'un Dieu auquel elle persistait à croire tout en déniant à ses ministres le droit d'en disposer.

Avec son dévouement coutumier, Dumas s'était occupé des modalités de notre retour à Nohant, après la maladie qui avait terrassé madame aux Feuillantines. Bouleversées que nous étions par la mort récente de monsieur Alexandre, il nous eût été pénible d'en régler les détails. Il avait poussé la gentillesse jusqu'à nous raccompagner jusqu'à Nohant, en prenant soin de nos bagages.

À peine réinstallée au château madame avait laissé entendre que Lina serait désormais la maîtresse de maison. Cette charmante jeune femme s'en occupa avec une célérité, une autorité sans raideur, une vigilance qui commençaient à porter leurs fruits et faisaient notre admiration. Elle parvint, en quelques mois, grâce aux conseils de madame, non seulement à remettre à flot le domaine, mais encore à lui faire retrouver sa rentabilité. Miracle ! Monsieur Maurice en avait une grosse émotion dans la voix et des remords dans la conscience.

Madame vivait à Nohant comme dans un fauteuil, l'air d'une matrone indolente qui a fait son temps, rempli sa mission et se contente de regarder passer les jours.

Elle travaillait pourtant avec une ardeur soutenue. J'ai depuis longtemps renoncé à faire le compte de ses romans, de ses pièces de théâtre, et d'en faire mention dans mon récit, ce qui eût été fastidieux. Chaque année, deux à trois volumes sortaient de sa plume et s'envolaient vers Paris. La sérénité un peu émolliente du château n'avait pu juguler ce flux torrentiel. Il y avait en elle trop de génie mêlé à trop de passion, également incompressibles. Seule une indisposition grave eût pu la tenir en échec.

Renonçant à sa chambre bleue, elle avait choisi de résider et de travailler dans une pièce plus exiguë, plus intime et facile à chauffer, grâce au calorifère qu'elle y avait fait installer. Elle avait confectionné de ses mains les rideaux, les courtines du lit, la courtepointe, dans sa couleur favorite : le bleu tendre de la pervenche, orné les murs de médaillons blancs où dansaient des personnages mythologiques, « bien appropriés, disait-elle, à son état d'anémie ». Elle n'aurait là, ajoutait-elle, « que des idées douces et bêtes, ce qu'il me faut maintenant ».

Cette apparente acceptation de la vieillesse donnait une idée fausse de sa nature portée au travail, au défi, voire à l'insolence. En la voyant s'entretenir sous les tilleuls de la place, devant la petite église, avec le sacristain dont elle s'était fait un ami, je me disais qu'elle inclinait vers la religion. Cela me navrait, moi qui nourrissais des préventions contre l'Église et qui, comme elle depuis sa jeunesse, n'avais pas mis les pieds dans une église, sinon pour en admirer l'architecture et les trésors. Je la voyais déjà, dans sa robe noire à dentelles de dame patronnesse, recevant à sa table notre maire, un vieux réactionnaire, et l'évêque. Affirmer cette certitude eût été bien mal la connaître.

Une lettre de cette époque, adressée à son « vieux troubadour », donne le ton de son état d'esprit : « *Non,* affirmait-elle, *je ne suis pas catholique !* »

Complètement rétablie, madame envisagea sans déplaisir l'invitation d'un jeune couple : Juliette La Messine et son compagnon Edmond Adam, à passer quelques semaines dans leur villa de Golfe-Juan.

Veuve depuis peu d'un avocat qu'elle détestait, Juliette était tombée, à la fin de son deuil, dans les bras de l'homme qu'elle aimait, Edmond, un journaliste politique réputé, dont elle eut un enfant, Alice, qu'on appelait Topaze. Elle se piquait de littérature. Son premier livre toucha madame : l'auteur la proposait, avec Marie d'Agoult, comme des parangons de la femme libérée. Il n'en fallut pas davantage pour qu'elles fraternisent.

Madame lui répondit :

« *J'accepte votre invitation à condition de ne pas rencontrer ma fille.* » Solange, en effet, vivait dans les parages, en compagnie d'un prince russe ou polonais et, à quarante-cinq ans, grasse mais encore séduisante, menait la vie à grandes brides. Juliette la rassura : il y avait peu de risques qu'elles se trouvent nez à nez. Solange, pas plus que sa mère, ne souhaitait une telle rencontre.

Lina de nouveau enceinte, monsieur Maurice choisit de ne pas nous suivre. En revanche, Edmond Planchut, ravi à la perspective de nouvelles collectes de plantes et d'insectes, fut du voyage.

Ce séjour idyllique me rappela celui que nous avions fait à la villa des Bruyères, à Tamaris, quelques années auparavant. Même ciel d'un azur intense, même horizon marin où croisaient des navires, même décor de collines couvertes d'une végétation sauvage.

J'aurais aimé que madame prolongeât ce séjour favorable à sa santé et qui, moi, m'enchantait, mais, Lina touchant au terme de sa grossesse, il fallait être à Nohant pour la naissance. Elle accoucha d'une fille, Gabrielle, que madame appela tantôt Titine et tantôt Tititte.

L'été suivant, madame rendit son invitation au jeune couple. Juliette et Edmond arrivèrent à point nommé pour assister à la petite cérémonie qui marquait les soixante-quatre ans de madame. Maurice tira un nombre égal de coups à son canon miniature qui libérait autant de fumée que de bruit, et fit taire pour des heures les oiseaux. Je décorai la salle à manger de bouquets de fleurs des champs et de guirlandes de lierre. Le soir, madame se mit au piano et nous joua des partitions de Gluck et de Mozart, mais, pour ne pas réveiller de vieilles blessures, rien de Chopin.

Maurice nous régala d'un spectacle de marionnettes. Je revis avec émotion surgir du châtelet les silhouettes de Ballandard, de Coq-en-Bois, d'Isabelle et de Rose, que j'avais appris jadis à manier. Il nous donna la primeur d'œuvres humoristiques de sa plume : *Alonzi Alonzo le Bâtard* et *Les Brigands de la sierra.*

Chaque après-midi, nous allions en bande nous baigner dans l'Indre. Nous revenions, las et heureux, à travers les prairies calcinées, dans les bouffées d'air tiède montant de la terre, chantant et plaisantant.

Maurice avait du goût pour les farces. Une nuit, il enferma un coq dans un coffre de la chambre occupée par les Adam. À l'aube, réveil en fanfare ! Juliette se vengea par une autre facétie : avec le concours du sacristain, elle fit sonner l'angélus avant l'heure habituelle, ce qui causa du trouble et désorganisa le service.

Cette ambiance sereine et joyeuse, ces multiples divertissements, ne privaient pas madame de travailler à ses romans. Le fait de s'asseoir à son bureau, de fumer sa première cigarette, de vérifier le niveau de l'encre et d'appointer ses plumes dissipait toute lassitude. Sans se couper de son milieu, elle renaissait à un monde différent, qui lui était aussi familier que l'autre. Elle nous disait : « Je travaille comme on empile du bois ou comme un cheval de pressoir. » À l'aube, ses vingt ou trente pages achevées, elle chantonnait en fumant sa dernière cigarette avant d'aller se coucher. Et alors, silence dans la maison...

Elle me dicta une lettre un peu confuse, destinée à un ami qui s'inquiétait de la voir toujours sur la brèche :

« *J'ai aujourd'hui soixante-quatre printemps. Je marche autant, je travaille autant, je dors aussi bien. Ma vue est fatiguée, aussi je mets des lunettes. Quand je ne pourrai plus agir, j'espère que j'aurai perdu la volonté d'agir. Et puis on s'effraie de l'âge avancé, comme si on était sûr d'y arriver. On ne pense pas à la tuile qui peut tomber du toit. Le mieux est de se tenir toujours prêt et de jouir des vieilles années mieux qu'on a su jouir des jeunes. On perd tant de temps et on gaspille tant de vie à vingt ans ! Nos jours d'hiver comptent double. Voici notre compensation...* »

Ce n'est pas sur la tête de madame que la « tuile » dont elle parlait dans cette lettre, tomba du toit, mais sur celle de Sainte-Beuve, l'ami de toujours, qui avait cru en elle dès ses débuts, l'avait défendue et encouragée dans ses moments difficiles. Très éprouvée, elle décida d'assister aux obsèques.

Il y avait foule au cimetière, où je l'accompagnai. Elle dit à Dumas, en s'accrochant à son bras :

– Où est notre petite bande du Magny ? Les sept rescapés de ce radeau de la Méduse ne sont plus que trois : Théophile Gautier, Edmond de Goncourt et votre servante. Quelle tristesse, mon garçon...

En retournant à sa voiture, elle éprouva un sentiment de réconfort en constatant que la foule s'écartait gravement sur son passage, en murmurant son nom, que des messieurs s'inclinaient en ôtant leur chapeau. Lorsque la voiture s'ébranla, un cortège se forma spontanément pour l'accompagner jusqu'au portail où son cheval prit le trot.

Un événement funeste d'une autre importance allait avoir lieu peu de temps après : l'année 1870 allait marquer la fin de la paix et celle de l'Empire.

10

La guerre infâme

Durant des semaines, nous nous sommes abstenues de toute promenade à travers champ : autour de Nohant la nature présentait un spectacle navrant, la canicule en ayant fait une savane jaunâtre au-dessus de laquelle tremblait une brume de feu. Les arbres perdaient leurs feuilles avant l'heure et les vignes portaient déjà les rousseurs de l'automne. On trouvait sur les chemins des oiseaux morts de soif. Certaines nuits, des loups sortaient des forêts de la Vallée noire pour s'aventurer dans les villages et les hameaux. L'Indre et la Vauvre ne nous offrant que des trous d'eau croupie entre des plages de cailloux, toute baignade nous était interdite. Il ne faudrait pas compter cette année-là sur une bonne récolte : le feu de Dieu avait tout consumé.

C'était durant l'été de 1870. Pour comble de misère, l'Empereur venait de déclarer la guerre au roi de Prusse.

Madame ne décolérait pas :

– Cette maudite guerre, je n'en comprends pas les raisons ! Il n'y a, entre nos deux pays, qu'une querelle d'amour-propre, pour savoir qui a le meilleur fusil. Il paraît qu'à Paris on déborde d'enthousiasme. Ce n'est pas comme chez nous...

Ce « jeu de princes » la consternait. Elle écrivit à Gustave Flaubert :

« Je trouve cette guerre infâme ! Elle me rappelle la chanson de Malborought. Quelle leçon pour les peuples qui veulent des maîtres absolus ! »

Nos paysans partageaient avec madame la sainte horreur de la guerre. Ils en rendaient l'Empereur responsable. Je me souviens de ce paysan qui, abordant madame, son chapeau sur le ventre, lui jeta d'une voix tremblante :

– Nous lui foutrons notre première balle dans la tête, à Badinguet !

Il faisait allusion à l'ouvrier dont le prince Louis-Napoléon avait emprunté la vareuse pour s'évader de la forteresse de Ham.

Monsieur Maurice se serait volontiers porté aux frontières, moins pour défendre le trône impérial que par haine pour Guillaume et Bismarck. Il faisait des parades de cuisine, interrompait une partie de cochonnet pour annoncer qu'il allait partir, mais des liens trop serrés le retenaient à Nohant. Il se contentait de fulminer en apprenant les nouvelles par les gazettes : l'armée désorganisée manquait d'armes, les subsistances n'arrivaient pas sur le front...

L'annonce de la captivité de l'Empereur par l'armée prussienne nous consterna. Le pays roulait à l'abîme.

Bismarck, l'œil froid sous le casque à pointe, dictait les conditions d'une paix honteuse.

Pour comble, une épidémie de variole noire se déclencha dans le Berry. Les enfants en furent les premières victimes : ils étaient pris d'une forte fièvre, de maux de tête et de dos, de vomissements, de délire, et leur corps se couvrait de pustules. L'épidémie emporta l'une de mes nièces. Le village devint une infirmerie, puis un cimetière.

Un matin, madame décréta qu'il fallait quitter Nohant. Aurore… Gabrielle… On ne pouvait attendre que la variole vînt les emporter.

– Partir, mère ? dit monsieur Maurice, mais pour aller où ?

– Il semble que l'épidémie n'ait pas atteint la Creuse. Je vais demander l'hospitalité à mon ami Pierre Leroux, à Boussac. Il ne peut me refuser ce service.

Il lui devait trop, en effet ! Durant des années, ce philosophe avait fait appel à la générosité de madame pour publier son journal, la *Revue indépendante*. Il avait fondé à Boussac une « imprimerie égalitaire » et inventé une machine à fabriquer des lignes de plomb : le piano-type. Après son exil en Angleterre, suite au coup d'État du prince Louis-Napoléon, il avait renoncé à la politique pour écrire des livres de philosophie.

Répartie sur deux voitures, la famille au grand complet prit la route de Boussac. On me confia la surveillance du château et du domaine, en me demandant d'être vigilante, car les pillages se multipliaient dans la région.

Une nuit de septembre, je fus réveillée par des hurlements venant de la cour. Dans la clarté de la lune, j'aperçus trois grands loups qui s'acharnaient contre la porte de la grange. Je saisis le fusil chargé que madame gardait toujours à sa portée dans la cuisine et tirai au jugé. Je dus blesser un de ces fauves car j'entendis un gémissement et, le lendemain, je relevai des traces de sang dans la cour.

À la fin du mois, l'épidémie ayant régressé, la famille revint à Nohant.

Les nouvelles venues de Paris nous plongeaient dans l'affliction : l'Empereur prisonnier et malade, une République chancelante, une poursuite désespérée de la guerre dans un pays désorganisé, les armées prussiennes marchant sur Paris...

Madame souhaitait la fin rapide de cette tragédie, mais non une paix honteuse. Un matin, en ouvrant son courrier, elle brandit une lettre d'Edmond Panchut :

– Écoutez, mes enfants ! Écoutez ce que m'écrit notre ami Planchut ! Un ballon portant mon nom est parti de la colline de Montmartre, au nez et à la barbe des Prussiens, pour amener Léon Gambetta à rejoindre l'armée de la Loire. C'est le signe que la guerre se poursuit...

Un autre ballon avait, au même moment, quitté Montmartre : il portait le nom d'Armand Barbès, un révolutionnaire qui venait de mourir en exil aux Pays-Bas.

L'enthousiasme de madame pour cette salutaire réaction dériva lentement vers un espoir plus sensé : à ses yeux, seule une paix dans l'honneur pouvait sauver le pays. L'honneur, il fallait le chercher sous les pierres de la misère.

Elle soupirait, alors que nous restaurions le Trianon pour les gamines :

– Ma pauvre Marie, je crois que le monde devient fou. Je n'y comprends plus rien. Ce Gambetta... non, décidément, il ne m'inspire guère confiance. Ou il se prend pour le consul Bonaparte, ou il joue les risque-tout. Il est condamné à réussir ou à se faire tuer ! On le dit honnête et sincère ? Peut-être... mais il manque de bon sens.

Elle ajouta en levant au ciel ses mains chargées de plants de pervenches :

– Ce qui m'exaspère, c'est qu'il met des points d'exclamation à tort et à travers dans ses bulletins !

Le bombardement de Paris par les Prussiens lui donnait des sueurs d'angoisse. Elle songeait à ce jeune couple qu'elle adorait : Juliette et Edmond, à leur petite Topaze, aux bombes qui risquaient de les ensevelir sous leur maison.

En janvier, elle soupira d'aise en apprenant la signature de l'armistice, mais laissa échapper sa colère lorsque Gambetta, qu'elle traitait de « dictateur », prétendit poursuivre la lutte.

– Nous risquons une guerre civile. Gambetta est bien capable d'y entraîner le pays. Sa dictature va lui rentrer dans le ventre !

Les élections assurèrent, à Paris, le succès des partisans de la lutte à outrance et la province celui d'Adolphe Thiers, apôtre de la capitulation, installé à Versailles. Plus que jamais, madame était convaincue que la situation était désespérée et qu'il fallait faire la paix. Elle s'écriait, sur le ton d'un bulletin patriotique :

– Si la France est dans le sang, elle n'est pas dans la boue ! Il faut faire la paix absolument. Notre pays est plein de ressources. Il aura tôt fait de relever la tête. Je connais trop bien nos paysans pour savoir qu'ils ne baisseront pas les bras. Je n'aime guère ce nabot de Thiers, mais, puisqu'il a accepté de rétablir la République, c'est le moindre mal.

La situation était d'une triste simplicité : le pays était prêt à signer la paix, mais Paris y rechignait.

Les faubourgs avaient pris les armes, enlevé les canons de la Garde nationale pour les transporter sur les hauteurs de Montmartre et de Belleville. C'est moins contre les Allemands que le peuple se dressait que contre les Versaillais, accusés de trahir le pays. La guerre civile qu'exécrait madame venait d'éclater. Ce fut le règne de la Commune et de l'« Année terrible » dont Victor Hugo a fait un livre accusateur. Madame jetait l'anathème sur elle :

– Ces Communards, je les déteste, ainsi que la foule dupe, folle et malfaisante qui les suit. Et voilà que les femmes s'en mêlent, comme cette tête brûlée de Louise Michel qui fait le coup de feu aux barricades au lieu de s'occuper de son école !

La paix tomba sur Paris après une lutte inégale. C'était celle des cimetières. La répression s'acharnait sur le peuple, coupables ou innocents confondus dans la même vindicte. Les soldats de Versailles fusillaient par groupes dans les maisons, les rues, les places, jusque devant le Père-Lachaise. Pour le coup, madame, écœurée, fit volte-face. C'était le sang mais aussi la boue. Elle se trouva ainsi en butte aux critiques de ses amis politiques, les uns lui reprochant son manque de fermeté dans la défense du peuple, les autres d'avoir soutenu Versailles trop mollement. Elle haussait les épaules et laissait les chiens aboyer contre la caravane.

Elle rassura Flaubert qui vitupérait de sa voix tonitruante « ceux qui étaient tendres pour les chiens enragés de la Commune et point pour ceux qu'ils avaient mordus ». Une « sentimentalité » qu'il jugeait immorale. Elle répliquait sans animosité :

« Faut *pas que ça te rende grognon et malade, mon vieux troubadour. Faut se dire que la France est devenue folle, l'humanité bête, et que nous sommes des animaux mal finis. Il faut s'aimer quand même : soi, son espèce, ses amis surtout...* »

Elle observait les événements du haut de son Parnasse de Nohant, désemparée, dans le concert d'échos contradictoires venant de la capitale. Une forme de sagesse que je partageais parfois et que, en d'autres circonstances, je réfutais, consciente qu'un engagement est nécessaire à notre équilibre et que, dans notre jugement sur les faits, il faut savoir arrêter le fléau de la balance.

Réponse de Flaubert :

« *L'esprit public me semble à son plus bas niveau. Jusqu'à quelle profondeur de bêtise descendrons-nous ? La France s'enfonce doucement, comme un vaisseau pourri, et l'esprit de sauvetage paraît chimérique, même aux consciences les plus solides...* »

De mauvaises nouvelles nous arrivaient aussi de Guillery.

Accablé de maux physiques, monsieur Casimir sombrait dans la décrépitude. Il ne s'était pas consolé de s'être vu refuser la Légion d'honneur qu'il avait sollicitée de l'Empereur. Il ne comprenait pas cette guerre qui avait fait sombrer ses espoirs.

Madame redoutait que cet esprit faible ne se laissât investir par sa concubine et leur fille, Rose, au point d'en faire ses héritières. Elle dit à Maurice :

– À toi de veiller au grain ! Secoue-toi, nom de Dieu ! Veux-tu, oui ou non, garder Guillery ? Ta sœur, elle, ne se laissera pas déposséder !

On imposa à monsieur Casimir la vente de son domaine. Il y consentit, garda une partie de la somme, le reste étant divisé entre monsieur Maurice et madame Solange. Accompagné de sa gouvernante et de sa fille, il se retira dans un modeste logis proche du moulin de Barbastre, où il mourut peu de temps après.

Madame n'eut pas une larme en apprenant la nouvelle. Elle aurait pu creuser dans ses souvenirs de jeunesse sans parvenir à y découvrir le moindre argument susceptible de lui faire regretter cette triste fin. Elle avait assez à faire avec son propre destin.

Un soir où elle se promenait à mon bras dans les allées du parc, s'arrêtant tous les dix pas pour souffler et redresser du bout de sa canne une fleur lourde de pluie, elle me dit :

– Je n'en ai plus pour longtemps à vivre, ma chérie. Je ne suis ni infirme ni malade au point d'interrompre ma tâche, mais je sens, à des signes indubitables, que ma fin est proche. La question n'est pas de savoir si je tomberai d'un coup, à la suite d'un accident de santé, mais si je puis être encore utile. Il semble que oui. Qu'en penses-tu, Marie ?

Je la rassurai. Par tout le pays, dans les chaumières comme dans les châteaux ou les maisons bourgeoises, des dizaines de milliers de lecteurs attendaient ses romans. Ils étaient leur distraction, leur réconfort, une sorte de médecine douce pour les âmes et les cœurs endoloris. Ils leur apportaient une belle leçon de vie. Tous ces romans n'étaient pas d'égale qualité. Avec *Marianne Chevreuse* ou *Flamarande*, il n'y avait pas de quoi crier au génie ! La veine des chefs-d'œuvre semblait tarie depuis *Les Beaux Messieurs du Bois-Doré*, *Le Marquis de Villemer* ou *Mademoiselle de La Quintinie*. Nous étions loin des élans poétiques et sociaux de *La Mare au diable*, *François le Champi*, *La Petite Fadette*, et surtout ces *Maîtres sonneurs* que j'avais lu et relisais avec un plaisir renouvelé.

Je jugeais inutile de lui exprimer ces réserves : elle les connaissait. Après m'avoir fait lire quelques pages de son dernier manuscrit, qui portaient des traces de tisane et de cendres de cigarettes, elle me bouscula.

– Alors, qu'attends-tu pour me donner ton avis ? Si ça te déplaît, il faut me le dire.

– Ma foi, madame, vous me mettez dans l'embarras.

– Eh bien, ma fille, fais travailler tes méninges. Je te paie pour ça, il me semble !

– Madame !

Elle me jeta un baiser sur la joue.

– Il faut pardonner ma vivacité, Marie, mais aussi tâcher d'être sincère. Si tu ne me dis pas ce que tu penses, qui le fera ? Flaubert, peut-être, mais il est loin, et seul son propre travail compte pour lui. Quant à mon fils, il se moque bien de la qualité de mes romans, pourvu que l'argent pleuve.

Les critiques parisiens ne parlaient plus de ses livres, mais les lecteurs les attendaient avec impatience. Lors des courses qui m'emmenaient à La Châtre ou à Châteauroux, les commerçants me parlaient des personnages de ses romans comme de membres de sa famille. Lorsque je rapportais ces faits à madame, elle me répondait avec un mince sourire :

– Ces gens ne doivent pas avoir lu mes premiers ouvrages : *Lélia, Indiana, Valentine,* qui sont autrement osés que mes dernières productions. C'est alors qu'on entendrait aboyer leur meute...

Dans les appréciations qu'elle sollicitait avec impatience, je m'efforçais de mettre davantage de miel que de vinaigre. Pourtant, lorsqu'une de mes critiques lui paraissait outrée, elle ne se gênait pas pour m'accuser d'incompétence. Néanmoins, la plupart du temps, elle tenait compte de mon avis. Elle soupirait :

– Tu as peut-être raison. Il faut que je revoie ce chapitre. Ça manque d'originalité et de vigueur. Il faut croire que la machine s'essouffle. Vois-tu, ma chérie, je ne suis plus aussi enthousiaste que du temps où, avec mon petit Jules, nous écrivions à deux mains *Rose et Blanche*. Relis ce roman. Il est plein d'imperfections mais quelle vivacité !

Pour lui faire plaisir, j'ai relu cet énorme bouquin qui porte en sous-titre *La Comédienne et la Religieuse*. Il m'est tombé des mains à plusieurs reprises. Trop de digressions interminables alternant avec des dialogues vivants et spirituels. Il est truffé de négligences et de fautes, mais peut-on demander à un premier roman d'atteindre, d'emblée, à la perfection ?

Madame paraissait de plus en plus obsédée par le comportement de madame Solange. Elle semblait aspirer, en faisant l'inventaire de leurs motifs de mésentente, à découvrir la finalité de leur brouille permanente.

Elle avait mis en scène, dans un de ses romans, *Malgré tout*, une courtisane obsédée par la réussite sociale et l'argent. Dans *Césarine Dietrich*, elle faisait le portrait d'une créature imbue de vanité. Dans l'un et l'autre de ces personnages, il était aisé de deviner le modèle.

Madame Solange eut-elle connaissance de ces deux romans ? Je l'ignore. Nous n'avions que peu souvent l'occasion de nous croiser, et ce n'est pas de littérature que nous eussions parlé. Elle a toujours fait mine d'ignorer ma présence.

Madame Solange débarqua un jour à Nohant sans crier gare.

Agitée, froufroutante, le visage rose et gras derrière l'éventail qu'elle agitait sans raison, elle distribua des baisers à toute la maisonnée, comme on jette du grain à la volaille, et m'épargna ces simagrées.

– Regarde-la ! me dit madame. On dirait qu'elle revient d'un voyage d'un an. J'aimerais bien savoir ce qu'elle me veut. Elle ne vient sûrement pas pour prendre de mes nouvelles. Elle s'en fout !

Ce que sa fille venait faire à Nohant, madame ne tarda pas à en être informée. Elle cherchait, dans la région, un coin où se reposer de sa vie de débauche : un moulin, une demeure bourgeoise, un château… C'était un ancien projet. Cette fois-ci, elle semblait y tenir.

– Le diable se fait ermite, me dit Madame. La fine mouche… Je sais bien ce qu'elle attend de moi : que je lui permette de s'installer au château. Pas d'accord, et Maurice non plus ! Imagine un peu… En quelques jours, elle aurait tout mis sens dessus dessous, dressé les domestiques les uns contre les autres, semé partout la zizanie. Pour parler comme Flaubert, elle aurait « foutu le bordel ». Pas de ça, Lisette ! Qu'elle aille voir ailleurs, qu'elle se débrouille ! Si elle trouve ce qu'elle cherche, j'espère que ce sera au diable vauvert...

Madame Solange découvrit sans trop chercher la résidence qu'elle souhaitait : le château de Montgivray, qui domine ma ferme familiale. Il se situe sur l'Indre, à moins d'une lieue au sud de Nohant. Cette demeure avait appartenu jadis à un demi-frère de ma maîtresse, Hippolyte Châtiron, avec qui elle n'avait que des rapports épisodiques, et sa fille en avait hérité. C'est une belle demeure de style Renaissance, dressée au bord de la rivière, au milieu d'un parc planté de grands arbres. Notre métairie en dépendait.

Madame fulminait.

– Cette petite garce ne se mouche pas avec le coude ! Elle a dû payer ce château une fortune qu'elle n'a sans doute jamais eue. Alors, d'où vient l'argent ? La part dans la vente de Guillery était suffisante pour s'offrir une chaumière, mais sûrement pas Montgivray. Quelques-uns de ses riches amants se sont peut-être cotisés. Elle s'y entend pour les faire cracher au bassinet. Mais encore lui faudra-t-il des domestiques : une ou deux servantes, des jardiniers, un cocher, un intendant peut-être...

Ce qui l'inquiétait surtout c'était de l'avoir « sur le dos » plus souvent qu'elle ne l'aurait souhaité.

– Elle va s'emmerder, ça c'est sûr. Nohant est à deux pas et notre table est réputée généreuse. Si seulement elle avait des enfants... Pourquoi n'en a-t-elle pas ?

Après la mort de la petite Jeanne (Nini), madame Solange avait fait une croix sur les maternités. Divorcée, elle avait couru la prétentaine, ce qui coupait court à des instincts maternels qui ne l'avaient jamais tracassée.

Cette femme demeurait un mystère pour moi. Malgré ses grands airs et le mépris qu'elle m'a toujours témoigné – Dieu sait pourquoi ! –, je ne puis la détester avec autant de violence que madame. Il est vrai que, née hors mariage, entre un père légitime souvent absent, et sans avoir connu son vrai géniteur ni une mère toujours engagée dans des aventures, mariée à une brute, elle n'a pas eu une enfance et un début d'existence adulte radieux. Pour se disculper sans doute, sa mère ne cessait de mettre l'accent sur son caractère difficile, fait de caprices, d'égoïsme, d'ingratitude. C'était jeter l'anathème, un peu à la légère, sur le fruit, alors que c'est l'arbre qu'il eût fallu accuser.

Les relations politiques, philosophiques et littéraires de madame s'amenuisaient. Il lui restait un reliquat de complicité avec Pierre Leroux, mais il sombrait dans ses utopies. Une amorce d'amitié l'avait liée à Ernest Renan, l'auteur de *La Vie de Jésus*, mais, après l'avoir portée aux nues, il avait pris du champ et n'était jamais venu à Nohant. Une correspondance assidue l'unissait à Gustave Flaubert, mais il se faisait de plus en plus rare au château. Les Adam ? Ils étaient trop pris par leur vie parisienne pour donner suite à leurs rapports. Restait une poussière de relations jetées à Nohant par le vent des étés, mais qui ne laissaient pas présager une suite durable.

La guerre, la misère, les bouleversements politiques n'avaient rejeté sur la grève de Nohant que des algues mortes et des coquilles vides.

La République de Thiers avait instauré un régime bourgeois et un parlementarisme incohérent. On était loin des rêves engendrés par la révolution de quarante-huit ! Ceux qui avaient gardé leur sympathie ou leur confiance à madame s'insurgeaient contre les critiques acerbes que portaient sur elle les libéraux et les révolutionnaires que son comportement au temps de la Commune et de Versailles avait déçus.

Edmond Planchut tenta vainement de la rassurer. Elle lui répondit :

« *Ne tente pas de me justifier lorsqu'on m'accuse de n'être pas assez (ou trop) républicaine. Dis à ceux qui me critiquent que je ne suis pas à leur manière… Les partis, j'en ai plein le nez, je n'en veux plus ! Je tiens pour crétins et insensés tous ceux qui se donnent à des personnalités. Comme au lendemain de juin quarante-huit, le dégoût me jette dans l'isolement, en face de ma conscience révoltée et libre…* »

C'était bien envoyé. La sagesse même, avec une pointe d'anarchie. À son âge, que diable aurait-elle pu faire de ces luttes stériles, sinon, ce qui lui était arrivé, au risque de prendre des coups de toutes parts ? Le navire de la République avait pris le large sans elle ? Bon vent ! Il avait à peine quitté le port qu'il était jeté dans la tempête. Qu'on ne compte pas sur elle pour se sacrifier sur la grève afin de conjurer les dieux de la mer !

Elle avait écrit sur un de ses agendas une formule latine : «*Nunc dimitis servum tuum*» («Maintenant, tu renvoies ton serviteur, Seigneur»). Elle entendait par là que, sa tâche terminée, il était temps de rentrer dans la vérité de sa vie. D'observer un repos mérité ? Elle n'en prenait pas le chemin.

Elle avait fait des pieds et des mains pour que la pièce qui lui était la plus chère : *Mademoiselle de La Quintinie*, fût jouée. L'Empire l'avait interdite, sous prétexte qu'elle mettait en scène un prêtre saisi par le démon de midi, comme l'abbé Mouret de Zola. Elle pensait, innocemment, que la République allait réparer cet excès d'autoritarisme et lever l'interdit, mais le «parti sacerdotal» intervint et la pièce, de nouveau, retourna au placard, malgré les protestations des étudiants. La République de M. Thiers avait des relents de bigoterie.

– J'ai eu tort de me faire des illusions, soupirait-elle. J'habite le château des Chimères.

Cette image l'obsédait au point de prendre corps sous forme d'un blason. Elle le broda sur des enveloppes de dossiers de chaise et de coussins qu'elle distribua à ses amis. Elle en fit des esquisses, des aquarelles, des pastels. Monsieur Alexandre vivant, elle en eût fait des gravures...

C'est une autre sorte de chimère qu'elle entretenait vis-à-vis de Gustave Flaubert : elle insistait pour qu'il consentît à se marier. Elle me dit :

– Il est anormal qu'il continue à s'étioler à l'ombre de sa mère. Elle l'étouffe ! Baiser des putains à Rouen ou à Paris ne lui apporte qu'une satisfaction dérisoire. Il lui faudrait une compagne à demeure. Tiens : une femme comme toi, encore jeune et assez jolie. Il semble apprécier ta présence. Je vois bien comme il te lorgne !

Le rouge me monta aux joues. Le manège de l'écrivain à mon égard ne lui avait pas échappé. J'avais bien remarqué, au cours de notre premier séjour à Croisset, que je ne lui étais pas indifférente : ses gros yeux de chien tendre qui s'attardaient sur moi, ses airs de gourmandise... Au cours de nos promenades, il passait un bras autour de mes reins, effleurait ma joue de sa grosse moustache qui sentait le tabac. Pas de quoi en faire un roman, mais des signes évidents de convoitise.

D'autres invités de madame : Eugène Fromentin, Edmond Planchut, m'avaient manifesté les mêmes attentions, sans que j'en conclue autre chose que l'agréable impression d'être encore désirable.

Madame me donna à lire une lettre à Flaubert, à la suite des événements :

« *Pourquoi ne te marierais-tu pas ? Être seul, c'est odieux, c'est mortel et c'est cruel pour ceux qui vous aiment. Tes lettres sont désolées et me serrent le cœur. N'y a-t-il pas une femme que tu aimes et de qui tu serais aimé ? Prends-la avec toi. N'y a-t-il pas quelque part un moutard dont tu pourrais te croire le père ? Élève-le. Fais-toi son esclave. Oublie-toi pour lui... Vivre en soi est mauvais...* »

C'était, en somme, ce qu'elle aurait pu se conseiller à elle-même, encore qu'elle ne vécût pas, loin de là, dans la même solitude que l'ermite de Croisset. Elle avait ses enfants, ses petites-filles, encore quelques amis. Elle avait moi, Marie Caillaux, qui ne la quittais pour ainsi dire pas.

Contrairement au contrat tacite qu'elles avaient contracté, la mère poule de la couvée ce n'était pas Lina, qui avait assez à faire avec la maisonnée, les métairies, le potager et le poulailler, mais madame.

Elle veillait sur Aurore et Gabrielle (Lolo et Titítte), comme elle eût aimé que l'on veillât sur elle à leur âge. Elle donnait à l'aînée des leçons d'histoire et de géographie ; elle apprenait à la seconde l'alphabet. Elle se montrait surprise des bonnes dispositions de Lolo qui, avide de connaissances, mettait les bouchées doubles. Elle se montrait, avec Titítte, d'une patience angélique. Elle les emmenait en promenade à dos d'âne, leur révélait les ressources infinies que la nature propose à notre sensibilité et à notre intérêt.

Liée par contrat à son vieil ami-ennemi, l'éditeur Buloz, elle lui confiait, comme par le passé, plusieurs ouvrages par an. Elle avait, en parallèle, signé un contrat avec le directeur du journal *Le Temps*, pour des feuilletons qui, s'ils n'ajoutaient rien à sa gloire, étaient rémunérateurs.

Flaubert l'incitait à lire les jeunes romanciers, afin de renouveler son inspiration et mettre son style à la mode. Il lui parlait d'Émile Zola, de Joris-Karl Huysmans, d'Alphonse Daudet, d'Hippolyte Taine, mais, à de rares exceptions près, elle trouvait leurs œuvres trop naturalistes et trop sombres.

Elle harcelait Flaubert pour qu'il vienne la retrouver à Nohant. Il promettait, temporisait, renonçait. En revanche, à l'automne de l'année 1872, nous eûmes une visite qui allait bouleverser notre vie.

La belle cantatrice Pauline Viardot, célèbre dans toute l'Europe, jusqu'à la Cour du Tzar, auteur de mélodies et d'opérettes, débarqua au château, accompagnée de ses deux filles, de ravissantes créatures de moins de vingt ans, que madame appela les « Paulinettes ».

Cette séduisante beauté espagnole dans la quarantaine mais encore dans tout son éclat, sœur de l'illustre Malibran, avait été le grand amour déçu de monsieur Maurice. Mariée à un homme plus âgé qu'elle de vingt ans, disciple de Sapho, elle passait le plus clair de son temps à l'étranger. Au temps des amours avait succédé celui de l'amitié.

Durant le séjour de Pauline et des « Paulinettes », le château de la Chimère prit les allures d'un auditorium. Pauline, à toute heure du jour, se mettait au clavier, jouait, improvisait, faisait chanter ses filles devant la maisonnée ébahie, servantes comprises, monsieur Maurice ému et grave, madame pleurant dans son mouchoir, Lolo et Titite buvant cette musique comme l'eau d'une source. Durant des heures, jusqu'à la tombée du jour, le parc était peuplé d'elfes en robe à fleurs, qui sautaient à la corde, jouaient avec les chiens, galopaient dans le Trianon, couraient après les pigeons et les merles...

Un matin de printemps, l'année suivante, madame brandit une lettre avec un sourire de triomphe, en s'écriant :

– Flaubert… Il se décide enfin à venir ! Nous l'aurons pour les fêtes de Pâques, après le deuil de sa mère. Il sera accompagné de son ami Ivan Tourgueniev...

Banni de son pays pour ses opinions subversives, l'écrivain russe avait trouvé refuge en France et s'était fait, par correspondance, un ami de Gustave Flaubert, avant leur rencontre. Le « vieux troubadour » avait écrit à madame :

« *À part vous et Tourgueniev, je ne connais pas un mortel avec qui m'épancher sur les choses qui me tiennent le plus au cœur, mais vous habitez si loin de moi tous les deux…* »

Je me disais, à l'annonce de cette nouvelle, que monsieur Maurice et l'écrivain russe pourraient avoir un sujet de conversation : Pauline Viardot. La cantatrice avait été la grande passion de Tourgueniev. Il l'avait accompagnée dans ses tournées à travers la Russie et l'Europe. Comme avec monsieur Maurice, ce furent des relations platoniques mais intenses. J'imagine sans peine l'ambiance du château si Pauline avait été présente.

Durant les quelques jours qu'ils passèrent à Nohant, ce fut une fête permanente. J'ai lu dans l'agenda de madame ces quelques lignes révélatrices de cette ambiance :

« *On saute, on danse, on chante, on crie, on casse la tête de Flaubert qui veut tout empêcher pour parler littérature ! Il est débordé. Tourgueniev, lui, aime le bruit et la gaîté. Il est aussi enfant que nous. Il danse, il valse... Quel bon et brave homme de génie ! Maurice épate Flaubert à propos de tout...* »

Ce que madame oublie de rapporter, c'est qu'un soir, ivre de vin et de tabac, l'auteur de *Madame Bovary*, déguisé en danseuse andalouse, dansa le fandango.

Ce qu'elle oublie également – mais comment l'aurait-elle su ? – c'est qu'Ivan, après un repas trop bien arrosé, était venu gratter à ma chambre. Je lui avais ouvert. Il était entré en trombe, m'avait prise dans ses bras et, mêlant le russe et le français, m'avait déclaré sa passion. J'étais nue sous ma chemise quand, m'ayant renversée sur mon lit, il entreprit de me posséder. Surprise, bouleversée, ravie, j'aurais cédé s'il ne s'était montré, ivre qu'il était, incapable de donner suite à son désir. Je l'ai reconduit, inconscient, jusqu'à sa chambre. Le lendemain, il semblait avoir tout oublié.

Il n'y avait pas, au cours de ce séjour, que « des jeux et des ris », comme disaient jadis les poètes. Certains moments étaient empreints de gravité ; ceux, notamment, où Flaubert nous donnait des causeries littéraires qui nous faisaient bâiller. Quand Tourgueniev tentait d'endiguer cette logorrhée, le maître lui imposait silence.

Avec sa taille imposante, ses cheveux déjà presque blancs qui lui tombaient sur les yeux, la longue ride qui lui barrait le front, l'air de douceur répandu sur ses traits, Ivan me plaisait. Je me disais, pauvre innocente, que si j'avais eu à choisir l'homme destiné à partager ma vie, il aurait eu ma faveur. L'expérience m'avait démontré que, s'il m'avait désirée, un soir d'ivresse, il ne partageait pas mes illusions. Il ne me témoigna, jusqu'à la fin de son séjour, qu'une attention distraite avec, semble-t-il, une pointe de remords. De regret, j'ose l'espérer.

Un soir, alors que le printemps faisait monter autour de nous des odeurs de terre humide, nous sommes restés côte à côte sur un banc du parc. Il me parla de cette terre russe dont il avait gardé la nostalgie, de la tyrannie de sa mère qui régnait sur un peuple de cinq mille moujiks, de ses démêlés avec les sbires du Tzar, et des foudres que lui avait values son premier livre, jugé révolutionnaire : *Récits d'un chasseur*.

Il s'exprimait d'une voix délicate, bien timbrée, avec un accent discret, qui ajoutait à son charme. Quand il a tenté de me prendre la main, je la lui ai abandonnée. L'heure venue de me coucher, j'ai attendu sa visite. Ivan n'est pas revenu. J'en ai pleuré dans mes draps vides.

Lorsque la voiture qui ramenait les deux écrivains à Châteauroux se fut éloignée pour les mener au train de Paris, après que Tourgueniev m'eut longuement embrassée, madame se laissa choir dans son fauteuil et me dit en s'éventant avec son mouchoir :

– Ouf… Enfin seuls. Je suis brisée. Ce cher Flaubert m'a épuisée. En revanche, j'aurais bien aimé que le géant moscovite reste quelques jours de plus. Il est charmant, ce garçon, tu ne trouves pas ? J'aurais aimé le faire parler davantage, mais il n'y en avait que pour l'autre ! Je crois qu'en insistant un peu il aurait accepté. Ça t'aurait plu, hein ? ne dis pas le contraire. Fallait voir comme il te reluquait et t'embrassait. On peut dire que tu lui as tapé dans l'œil. Mais ça n'aurait pas été loin : il est toujours amoureux fou de Pauline.

C'est un détail auquel je n'avais pas pensé pour justifier sa conduite à mon égard.

Quelques jours plus tard, après son retour à Croisset, Flaubert (le « Révérend Père Cruchard, aumônier des Dames de la Désillusion », comme il aimait se nommer) écrivit à madame pour lui dire le plaisir que lui avaient procuré ces vacances.

« *Je m'ennuie de vous comme une bête. Je m'ennuie de toute la maisonnée, jusqu'au petit chat Fadet. On est si bien chez vous ! Vous êtes si bons et si spirituels...* »

Il nous révéla qu'Ivan Tourgueniev avait pris comme lui beaucoup de plaisir à ce séjour et qu'il ne l'oublierait jamais. Il ajoutait ce détail pittoresque :

« *Le voyage par train a été fort déplaisant, à cause de la compagnie que nous avions dans notre wagon. Je m'en suis consolé grâce aux liqueurs fortes que le bon Moscovite avait dans son bagage : une gourde remplie d'une excellente eau-de-vie...* »

11

« Laissez… verdure… »

L'été de 1876, qui suivit la visite des deux écrivains, s'écoula comme une rivière calme et lumineuse.

Un matin, madame se réveilla avec des idées de voyage. Elle réunit son conseil de famille et proposa la Suisse. Les gamines protestèrent : elles voulaient voir la mer. « En Suisse, dit madame, vous aurez des lacs. C'est la même chose. » Rien n'y fit. On réserva des chambres dans un hôtel de Cabourg. J'aurais volontiers participé à ces vacances, comme madame m'y invitait, mais une indisposition me le déconseillait et ma présence était nécessaire au château.

À son retour, madame me révéla qu'elle s'était baignée plusieurs fois par jour, mais qu'elle préférait le cours paisible de l'Indre. Nous nous y rendîmes le soir même, sous une légère pluie d'été. Je la vois encore allongée sur un lit de gravier, de l'eau jusqu'au menton, vieille Ophélie aux cheveux gris flottant autour de son visage comme du goémon.

Sur le chemin du retour, elle me dit :

– Ce bain a été bien triste pour moi. Je me souviens de ces jours d'été où nous venions là en bande : Maurice, Chopin juché sur son âne, Delacroix, Pauline… Nous allions, par temps chaud, nous baigner la nuit, nus comme Adam et Ève. Ce coin champêtre a vu passer bien des célébrités et ne s'en doute pas. Indifférence des choses…

Nous avions, de temps à autre, la visite de notre nouvelle voisine, madame Solange. Il y a, entre Montgivray et Nohant, une petite lieue qu'elle parcourait souvent à pied, « pour maigrir », disait-elle.

Madame avait vu d'un mauvais œil son installation à proximité, mais n'avait pu s'y opposer. Elle bougonnait :

– Cette chouette va nous observer du haut de son donjon ! Qu'elle ne compte pas sur moi pour des invitations à prendre le thé ou à jouer au bésigue. Les petites semblent la détester.

Lorsque madame Solange arrivait, les deux gamines jouaient les cerbères devant la porte de leur grand-mère, disant qu'elle était souffrante et ne voulait voir personne.

– Je sais ce qu'elle attend de moi, me disait madame : de l'argent, toujours plus d'argent ! Eh bien, qu'elle n'y compte pas ! Elle ne peut s'en prendre qu'à elle si elle tire le diable par la queue. S'offrir un château, quelle idée ! Toujours cette folie des grandeurs. Mais je lui fais confiance : elle trouvera sans tarder un vieux baron, un prince russe ou un diplomate à épouser…

Madame avait appris sans émotion la mort de Marie d'Agoult, qui s'était mise, sans génie, au roman, sous le pseudonyme de Daniel Stern. Elles avaient vécu, à l'ombre de Franz Liszt et de Frédéric Chopin, une amitié ombrageuse, traversée de jalousie et de sourdes querelles. Son amant l'avait abandonnée avec leurs enfants pour se consacrer à la prêtrise, sans renoncer à son art. Depuis, elle vivait comme une ombre.

Sur son premier amour, Jules Sandeau, madame ne me fit jamais de confidences, bien qu'ils eussent vécu ensemble de longues années. Il demeurait à Paris, dans cette notoriété factice dont se nourrissent beaucoup d'écrivains, ravi lorsque des gens se retournaient sur son passage en murmurant : « C'est Jules Sandeau, l'ancien amant de George Sand... » Sa carrière s'était arrêtée à la bibliothèque du château de Saint-Cloud, sur laquelle il veillait en luttant mollement contre l'oubli. Il était, disait madame, « tout déchevelé ».

Le « mastodonte » Charles Marchal filait un mauvais coton. Artiste de talent, sinon de génie, il avait connu quelques années de célébrité, grâce en partie à une de ses toiles, opportunément intitulée : *L'Alsace*, gravée et tirée à des milliers d'exemplaires. On lui avait confié l'illustration des œuvres d'Erckmann-Chatrian, ce qui lui procura une certaine aisance. C'était, malgré sa puissance physique, une nature insolente et imprévisible : il laissait traîner ses commandes pour festoyer et fréquenter les mauvais lieux. Couvert de dettes, il menait une vie de bohème qui ruinait sa santé. Pour comble, devenu presque aveugle, ce pauvre garçon nourrissait des idées suicidaires. Il ne donnait plus de ses nouvelles.

Madame vieillissait paisiblement. Elle vivait son automne sans se soucier de l'hiver, entourée de l'affection des siens, de ses petites-filles notamment, qui l'adoraient. Elle leur apprenait des jeux, leur racontait des histoires qu'elle inventait et qu'elle me chargeait de transcrire sur le papier : *Le Château de Pictordu, Le Chêne parlant*... Pour les aider à tailler des robes pour leurs poupées ou découper des images d'Épinal (« pas de soldats, surtout ! »), elle faisait de même appel à moi.

Elle s'obstinait à confectionner elle-même ses robes. Depuis des années, elle avait renoncé à se vêtir en homme, sauf pour les travaux de jardinage, ce qui eût été grotesque étant donné son embonpoint, qui frisait l'obésité. Sa santé nous donnait des inquiétudes. Elle souffrait de temps à autre de vertiges, de crises d'anémie, de maux d'estomac, mais elle n'en faisait pas un drame.

Coup sur coup, elle écrivit deux romans : *La Tour de Percemont* et *Albine Fiori*, qui ne faisaient pas oublier *Mauprat* et *Les Maîtres sonneurs*. Il ne sortait plus de cette source qu'une eau saumâtre. Tant mieux si *Le Temps* persistait à publier ces œuvres, puisque des milliers de lecteurs les attendaient. Comme monsieur Alexandre l'avait fait avant moi, je l'aidais à les corriger et les recopiais.

Quand, discrètement, je m'informais de sa santé, elle bougonnait :

– Maurice est plus malade que moi ! Ses névralgies m'inquiètent. Moi, j'aurais tort de me plaindre. Tu le vois : je mange de bon appétit, mes jambes sont encore solides, ma vue convenable et je dors comme un loir. J'ai bien quelques problèmes de constipation, mais le docteur Favre veille au grain.

Parade peu convaincante, quand on la connaissait comme je peux m'en vanter. Sa santé déclinait inexorablement. Quelques lignes de son journal intime de février 1876 en font foi :

« *J'ai l'intention de travailler, mais il n'y a pas moyen. Je fais le tour du jardin, qui est plein de fleurs : violettes, perce-neige, crocus, anémones... Tout pousse. L'abricotier est fleuri. J'ai encore souffert toute la journée, et j'ai lu...* »

Un matin, en faisant ma toilette, je me suis regardée attentivement dans mon miroir. J'ai arraché quelques cheveux blancs et passé un doigt inquiet sur les rides qui se dessinent au coin des yeux et des lèvres. Je n'avais jamais si bien observé l'alourdissement du visage, au niveau des joues notamment, qui deviennent flasques, ce petit éventail au-dessus des lèvres, ces sillons autour du cou...

Accrochée des deux mains au bord de la tablette, j'ai failli briser le témoin impitoyable de ma décrépitude et fondre en larmes. Je porte déjà le deuil d'une existence dont je n'ai jamais eu vraiment la disposition, demeurée vide, sinon d'affection, du moins de passion. Les opportunités qui se sont présentées ont fondu entre mes mains. Aucune amitié, hormis celle de ma maîtresse, aucun amour sur lequel je puisse espérer fonder un espoir de durée.

La seule personne à laquelle je me sois attachée de tout mon cœur, de toute mon âme, a été madame. Je me suis pour ainsi dire fondue en elle ; elle s'est servie de moi comme de ses bras, de ses jambes et de sa tête, au point que jamais l'idée ne m'est venue de me séparer d'elle, et sans doute elle de moi. Peut-être suis-je une réplique de cette « servante au grand cœur » dont parle Baudelaire.

Je suis entrée au service de madame alors que j'avais quinze ans. J'ai aujourd'hui dépassé de peu la quarantaine. C'est un seuil, au-delà duquel il n'y a plus rien à attendre de la vie, du moins pour une femme comme moi. J'occupe dans la maison de ma maîtresse une position inamovible et enviée, du fait, sans doute, que j'avais les qualités requises pour assumer cette fonction privilégiée. Je n'ai jamais commis de bévues ni de fautes graves dans mon service. J'ai toujours été d'une fidélité exemplaire envers madame. Il n'empêche : le jour où elle nous quittera pour sa dernière demeure, dans l'enclos funéraire, mon avenir sera tissé d'incertitude. J'ai amassé quelques économies, dans lesquelles j'ai parfois puisé lorsque ma maîtresse était dans le besoin, sans qu'elle pense toujours à rembourser ces dettes.

Madame ne passait guère de jour qu'elle ne me parlât de ceux de ses amis qu'elle avait perdus, et de leur vie commune : Jules Sandeau dans leur cambuse du quai Saint-Michel, Alfred de Musset à Venise, Frédéric Chopin à Valdemosa, l'avocat-philosophe Michel de Bourges, le comédien Bocage, Charles Marchal et celui qui fut son dernier amour : Alexandre Manceau.

Elle ne me parlait de ce dernier que pour évoquer sa présence à Gargilesse. Elle me racontait en riant qu'elle l'avait poursuivi le long de la rivière en tenant une vipère par la queue et qu'il avait failli s'évanouir de frayeur. Elle évitait, me semble-t-il, de souffler sur ce foyer encore mal éteint, de crainte de ranimer d'anciennes brûlures.

Je la vois encore, plongée bord à bord dans son fauteuil, ses mains d'enfant tavelées de taches rousses posées sur les accoudoirs, les séquelles d'un asthme infantile ronflant au fond de sa gorge. Son visage adipeux, aux yeux globuleux, aux paupières fripées, vides d'expression comme au temps où les frères Goncourt la comparaient à un ruminant.

Il fallait s'y mettre à deux pour l'extraire de son fauteuil, lui tendre ses cannes pour sa promenade quotidienne autour de l'église, une circonvolution qui semblait la rapprocher du porche et lui faire respirer l'odeur des cierges. Elle s'essoufflait vite, et le moindre détail l'immobilisait : une coccinelle escaladant le tronc d'un hêtre, une plante sauvage grimpant le long d'un mur vers la lumière, un crapaud traversant le chemin, le chant d'une mésange ou l'odeur d'un seringa.

Avant de passer à table, elle me disait :

– Ma chérie, roule-moi une cigarette, je te prie.

– Madame, ce n'est pas raisonnable. Votre asthme...

– Eh bien, quoi, mon asthme ? Tu m'ennuies, à la fin ! Ma cigarette, vite !

Elle avait gardé un appétit solide, malgré son estomac et ses intestins délabrés, sujets à des hémorragies ou à des rétentions. Elle avait consulté tous les médecins de La Châtre et des environs sans qu'aucun pût déceler la gravité de son mal et y porter remède.

Certains jours, souffrant de rhumatismes qui se communiquaient à ses bras, elle devait renoncer à ses travaux d'écriture. Naguère, elle aurait sauté dans le premier train pour aller consulter à Paris. L'âge venu, elle se résignait. Même sa passion vitale pour l'écriture la désertait. Parfois je la surprenais, au cœur de la nuit, endormie sur son manuscrit, et devais la dévêtir comme une morte pour la conduire jusqu'à son lit.

Le vieux docteur Papet, complice, jadis, de ses amours avec le «petit Jules», lui rendait visite de temps à autre, pour l'amitié, car il n'exerçait plus. Il dit un jour à monsieur Maurice, en ma présence:

– Je dois vous prévenir que votre mère souffre d'un mal difficile à soigner: une occlusion intestinale, peut-être d'origine cancéreuse.

– Vous voulez dire...

– Qu'elle est perdue? Oui, j'ai le regret de vous en informer. Aucun médecin ne peut plus rien pour elle. Une opération pourrait prolonger ses jours, mais elle ne la supporterait pas.

Monsieur Maurice fit pourtant venir de Paris un éminent praticien, le docteur Favre, qui avait soigné sa mère à Palaiseau, et en qui elle avait confiance, malgré son verbiage et ses méthodes de charlatan. Il diagnostiqua une hernie, assura qu'elle disparaîtrait avec des massages. Il se trompait lourdement.

On fit appel à un chirurgien célèbre, le docteur Péan, qui décela l'occlusion et conseilla une entérotomie, intervention consistant à «inciser une anse intestinale». Il se contenta d'une ponction abdominale qui n'eut d'autre résultat que de faire souffrir la malade qui avait, disait-elle, « le diable dans le ventre ».

Nous eûmes, sur ces entrefaites, une nouvelle visite de madame Solange. Elle arriva à cheval, vêtue d'une tenue d'amazone bleu de nuit. J'entrebâillai la porte de la chambre lorsqu'elle frappa, mais m'opposai à ce qu'elle entrât, madame étant souffrante.

– Je vous déconseille d'insister, lui dis-je. Madame votre mère ne souhaite pas vous voir et n'est d'ailleurs pas en état de recevoir des visites. Je ne fais que respecter sa volonté.

L'indignation la fit suffoquer.

– Ça, par exemple ! Pour qui vous prenez-vous ? Comment osez-vous...

– Je ne fais que respecter la consigne, madame.

Elle s'éloigna, revint sur ses pas, pour me dire :

– Que vous ai-je fait, Marie, pour que vous me détestiez ?

– Je ne vous déteste pas, mais je n'en dirais pas autant de vous. Vous semblez jalouse de la confiance que me témoigne votre mère. Je n'en vois pas la raison. Elle m'a confié une tâche. Je l'assume de mon mieux.

– Je vous en prie, laissez-moi l'embrasser. Je ne m'attarderai pas, c'est promis.

– Elle me l'a interdit.

– Écartez-vous, sinon...

Je restai immobile, les bras croisés. Il ne me manquait que le fusil de la sentinelle. Elle leva sa cravache sur moi sans que j'eusse un mouvement de recul, l'abaissa en grommelant je ne sais quoi entre ses dents serrées, puis, me tournant le dos, elle s'engouffra dans l'escalier.

Quand je racontai l'algarade à madame, elle me donna raison.

– Solange ne m'aime pas et ne m'a d'ailleurs jamais aimée. Elle n'a de sentiment pour personne. C'est un monstre.

Madame retrouvait en sa fille, mais à l'inverse, les problèmes qu'elle avait affrontés avec sa propre mère, fille d'un marchand d'oiseaux du quai de la Mégisserie, à Paris. Elle ne demandait pourtant qu'à l'aimer et à en être aimée peut-être, mais elle en était détestée. Elle retrouvait en madame Solange cette âpreté d'un caractère uniquement tendu vers le profit, quitte à sacrifier les siens, alors que l'affection, sous quelque forme qu'elle eût pu se manifester, lui était aussi nécessaire que le lait maternel.

Je me souviens d'une discussion de madame avec Flaubert, à l'occasion de sa première visite à Nohant. Tout à la haine de la société, il libérait ses griefs à travers la fumée de sa pipe.

– Le monde est haïssable, madame. Je persiste et signe !

Madame avait protesté.

– Eh quoi, mon ami, vous voudriez que je cesse d'aimer mon prochain ? Non, non, on ne peut pas mépriser et maudire son espèce. Ne plus aimer les autres, c'est ne plus vivre.

Leurs controverses me divertissaient et m'apprenaient

beaucoup sur leur nature et leurs opinions. Ils n'étaient pour ainsi dire d'accord sur rien, sinon sur un point : leur amitié naissante qui, si l'âge n'avait pas condamné ma maîtresse à l'abstinence, aurait pu dériver vers un sentiment plus profond. Ils donnaient, l'un vis-à-vis de l'autre, une image idéale de l'amitié : celle qui fait de chaleureuses flambées des disparités.

Lorsque madame proclamait son désir de voir le peuple accéder à l'instruction, il ripostait de la voix de stentor qu'il prenait dans son «gueuloir» :

– C'est ça ! Nous allons faire en sorte que les ouvriers soient aussi imbéciles que les bourgeois !

– Vous aimez trop la littérature, mon ami. Elle vous tuera avant que vous ayez tué la bêtise humaine. Acceptez la vie comme elle est. Tiens : allez voir Hugo, je crois qu'il vous calmera. Moi, je n'ai plus assez d'orage en moi pour que vous me compreniez.

Ces algarades se terminaient le plus souvent par des rires, des embrassades et des beuveries, comme si toutes ces idées n'avaient rien de sérieux et que rien ne pût changer la société.

Bien que sa vue fût encore satisfaisante, madame me demandait parfois de lui faire la lecture. Je lui relisais des passages des romans de Flaubert : *Madame Bovary* et *L'Éducation sentimentale*. Elle semblait y prendre chaque fois un plaisir nouveau, comme si ces textes la rapprochaient de son «vieux troubadour». Elle aimait moins les romans des frères Goncourt et ceux de Zola, trouvant qu'ils péchaient par leur parti-pris de réalisme et donnaient une vision trop sombre de la société.

Elle soupirait :

– Enfin, il faut bien donner aux lecteurs ce qu'ils demandent, leur offrir leur pâture de laideurs, de crudités, les promener dans les banlieues lépreuses, les bistrots et les bordels. Jadis, l'amour tendait au sublime. Aujourd'hui on le traîne dans la boue...

Au printemps de l'année 1876, elle commença la rédaction d'un autre roman : *Albine Fiori*, qui évoquait, sous forme de lettres, la vie d'une danseuse de l'Opéra. Le rythme de son écriture avait faibli ; elle fumait peu et passait moins de temps à son manuscrit qu'à sa fenêtre ouverte sur la nuit, le clair de lune qui habillait de bleu les cèdres, à écouter le rossignol et à respirer les odeurs montant des parterres.

Elle manifestait encore une remarquable lucidité, et son style n'avait que peu souffert de ses maux. Chaque matin, en mettant de l'ordre sur son bureau, je m'étonnais de trouver quelques feuillets rédigés de sa belle cursive, et de renouer, en les parcourant, avec l'émotion qu'avaient suscitée en moi ses plus belles pages.

Un matin, alors qu'elle venait d'absorber son huile de ricin et son sirop d'orgeat, je lui annonçai que madame Solange était revenue et demandait de nouveau à la voir. Je m'attendais à un refus ; madame se contenta de soupirer, son visage tourné vers le mur, comme si elle quêtait une réponse.

– Eh bien, soit! Dis-lui qu'elle peut monter et laisse-nous seules. Dieu sait ce qu'elle me veut encore...

– Prendre de vos nouvelles, je suppose.

Elle eut un petit rire.

– J'en serais bien surprise. Elle s'en moque!

Madame Solange monta sans m'adresser un regard, avec un air de triomphe, en frappant le creux de sa main avec sa cravache. Elles restèrent près d'une heure en tête à tête, avec interdiction de les déranger. Avant de repartir, la mine sereine, madame Solange se fit servir une soupe et une omelette, à la place réservée d'ordinaire à sa mère. Puis elle remonta à cheval sans un mot.

Rien ne devait transpirer de cet entretien, et je me gardai d'y faire allusion.

Au début de juin, la maladie observant une rémission, madame me confia son envie de faire une promenade en tilbury jusqu'au moulin d'Angibault. Nous avons eu du mal à l'en dissuader. Son ventre (elle disait sa «panse»), était toujours énorme, ballonné, dur comme pierre, mais la faisait un peu moins souffrir. Les praticiens qui venaient régulièrement l'ausculter se montraient optimistes. Le fait, pourtant, était là: elle allait rarement à la selle et ses efforts déclenchaient des hémorragies.

Le matin du 7 juin, renonçant à se lever elle me dit:

– Fais venir mes petites-filles. Il faut que je leur raconte la fin de l'histoire que j'ai commencée hier soir, sinon elles vont faire du tapage pour la réclamer.

Précédées par Fadet qui sauta sur le lit et que madame

éjecta d'un geste vigoureux, Lolo et Tititte pénétrèrent dans la chambre en se tenant par la main et s'assirent sur la carpette.

– Alors, dit Lolo, la fille du meunier va suivre son amoureux ou rester au moulin ?

– Babette est une fille sage, répondit madame. Elle aime bien ses parents. Alors...

Je me retirai sur la pointe des pieds pour ne pas rompre le charme, en emportant le chat dans mes bras. Un moment plus tard, la sonnette retentit avec insistance dans la cuisine. Madame me demandait. Quand je surgis dans sa chambre, dont elle avait chassé les gamines, elle était assise en larmes au bord de son lit, honteuse d'avoir souillé ses draps. Je la nettoyai et la fis asseoir dans son fauteuil, encore gémissante et bredouillant :

– Cette maladie, ma chérie, quelle saloperie ! J'en ai honte. Autant crever tout de suite.

Tandis que je changeais les draps, j'entendais dans mon dos sa respiration lourde, coupée de gémissements et de propos étouffés. Lorsque Lina et monsieur Maurice vinrent aux nouvelles, elle leur interdit sa porte et leur demanda de patienter, jusqu'à ce que l'atmosphère de la chambre fût respirable.

Dans la journée, monsieur Maurice m'aida à installer un autre lit pour la malade au milieu de la pièce, de manière à pouvoir l'aider plus aisément à se mouvoir, celui où elle dormait habituellement étant plaqué contre le mur du fond.

Je dis à monsieur :

– Nous devons nous préparer au pire.

– Pourtant, à en croire les médecins...

– Ils ne savent plus où ils en sont. Dîtes à madame votre mère d'ouvrir la bouche. Vous verrez son palais et sa langue envahis par une sorte de crème blanche. C'est le « muguet », comme chez les enfants, et ce n'est pas bon signe. Je suis désolée de vous le dire, mais, d'ici un jour ou deux, madame votre mère aura vécu.

– Par exemple ! s'exclama-t-il. D'où tiens-tu ça ?

– Des constatations du docteur Papet, qui a été le plus lucide, et, tout bonnement, d'un dictionnaire médical.

Il soupira :

– Mon Dieu, ma pauvre mère... Que peut-on faire ?

– Rien, monsieur, sinon la laisser mourir en paix, ne la contrarier en rien et lui donner tout ce qu'elle désire...

Je passai une nuit blanche en compagnie de Lina, pour aider madame à changer de position, impuissante qu'elle était à se mouvoir par ses propres moyens. Elle se plaignait de souffrir et gémissait :

– Mon Dieu... la mort... vite... que j'en finisse... c'est atroce...

Le matin, plus sereine, elle demanda ses petites-filles. Je les vois encore, debout au pied du lit, main dans la main, leur gros ruban dans les cheveux, plus ébahies qu'émues. Elle leur fit signe d'approcher et leur dit avec des efforts :

– Écoutez-moi bien, mes petites. Rappelez-vous que je vous aime plus que tout au monde. Promettez-moi... promettez-moi d'être bien sages... de ne pas contrarier vos parents... comme Babette, la fille du meunier...

– Elle est restée au moulin ? demanda Tititte.

Sa sœur lui fit signe de se taire.

– Je te le dirai ce soir, ma chérie, si j'en ai la force. Embrassez-moi. Allez jouer dans le parc et rapportez-m'en des fleurs...

Passé le dîner, Lina, épuisée, alla se reposer. Je restai seule au chevet de la mourante, avec madame Solange que son frère venait de faire prévenir. Elle s'asseyait, se levait, tournait dans la chambre, ouvrait les tiroirs de la commode et du bureau, comme pour y chercher un document, un objet ou un bijou à voler. Elle me lançait d'une voix autoritaire :

– Ferme un peu cette fenêtre… tire le rideau… va me chercher une carafe d'eau fraîche à la cuisine...

Elle avait, déjà, le ton d'une maîtresse de maison et me tutoyait, ce qui me fit froid dans le dos. Je me dis que, si elle prenait l'ascendant sur son frère dans l'administration du château et du domaine, mes jours étaient comptés. Mon éviction suivrait de peu la mort de ma maîtresse.

Lorsque madame émergeait de sa torpeur, nous l'entendions répéter sa litanie :

– La mort, mon Dieu… La mort, vite… Je souffre trop...

Le matin venu, elle tourna la tête vers la fenêtre comme si elle cherchait la lumière du jour. Madame Solange m'aida à tourner le lit de telle façon qu'elle l'inondât. Elle était, me sembla-t-il, plus terne que d'ordinaire, bien qu'il n'y eût, au-dessus des cèdres, ni un nuage ni une brume. C'était comme un voile imperceptible qui atténuait son éclat, une sorte de cendre, comme celle qui, par grande chaleur, précède un orage.

– C'est bien ce que vous vouliez, mère ? dit Solange.

Madame sourit et hocha la tête. Le soleil qui perçait à travers les ramures des cèdres coula sur son visage, comme lorsqu'elle émergeait d'un bain dans la rivière. Les oiseaux lui donnaient l'aubade qui, chaque matin, la ravissait, celle des merles notamment, dont elle essayait d'interpréter les monologues.

Le clocher de l'église sonna six heures. Je dis à madame Solange :

– Il semble que votre mère veuille dire quelque chose.

Nous nous penchâmes sur elle. Une de ses mains se crispait sur le drap comme pour le ramener vers son visage puis se tendait vers nous. Un sourire, peut-être une grimace de douleur, effleura ses lèvres. Nous l'entendîmes murmurer avec effort :

– Adieu, mes enfants... adieu... je vais mourir. Adieu Lina, Maurice, Lolo, adieu...

Elle s'interrompit, tourna la tête à droite, à gauche, comme pour chercher ceux dont elle espérait la présence. Elle ouvrit la bouche, mais les mots restèrent bloqués dans sa gorge. Deux seulement nous parvînmes, dont le sens nous échappa :

– Laissez... verdure...

12

« Ces chênes qu'on abat »

Il pleuvait sur Nohant lors des obsèques.

Arguant d'un billet de sa mère, qu'elle fut incapable de produire, et de prétendues confidences de la mourante, madame Solange avait imposé un office religieux. Outrée de cette exigence, Lina avait vivement protesté et demandé à son mari d'y faire opposition, en vertu des convictions de sa mère. Accablé de chagrin, à demi inconscient, il n'avait pas réagi.

Depuis les premières révoltes de sa jeunesse et durant toute sa vie, madame avait manifesté la même attitude de rejet, sinon de la religion, du moins de l'Église et de sa hiérarchie. La mise à l'index de ses œuvres, les manœuvres des ligues catholiques contre ses pièces de théâtre, n'avaient fait que durcir ses convictions. Qu'elle eût, sentant venir la mort, amorcé un revirement nous semblait à tous insolite, sinon impossible.

J'aurais aimé découvrir dans les derniers papiers de ma maîtresse un document susceptible de nous éclairer sur ses dernières volontés et de confondre madame Solange. Ma recherche fut vaine. Peut-être sa fille m'avait-elle précédée. Peut-être madame n'avait-elle pas pris la précaution de régler ses obsèques.

En présence de toute la famille, j'assistai à la veillée funèbre. On avait recouvert le corps d'un linceul sur lequel était répandue une moisson de roses. Seuls dépassaient du drap le visage épais et lourd, comme écrasé, et les mains délicates émergeant de la dentelle.

Le jour des obsèques, nous vîmes arriver au château les amis les plus chers et les plus prestigieux : le prince Jérôme, retour d'exil depuis peu par grâce présidentielle, Ernest Renan, Alexandre Dumas fils, Gustave Flaubert, ainsi que des journalistes et des éditeurs. J'aurais aimé voir dans le cortège Ivan Tourgueniev, mais il séjournait à l'étranger. Quant à Charles Marchal, il était en pleine déliquescence.

Victor Hugo, absent lui aussi, avait confié à son ami Paul Meurice le soin de lire son message : « *Je pleure une morte et je salue une immortelle… George Sand était une idée. Elle est hors de la chair, la voilà libre. Elle est morte, la voilà vivante.* » Le maître des antithèses s'était surpassé…

Ce qui m'émut plus que les larmes de Flaubert et de Dumas, plus que le lyrisme de Hugo, ce fut la présence et le chagrin des petites gens de la commune et des métayers : les hommes, le regard bas, leur chapeau sur le ventre, les femmes vêtues de noir, agenouillées sur le sol humide, leur chapelet à la main, priant sous leur ample capuchon, pour la « bonne dame de Nohant ». Des gens qui la connaissaient et qui l'aimaient. Des proches qu'elle ne traita jamais comme des êtres inférieurs et des esclaves.

Avec l'autorisation de Mgr de La Tour d'Auvergne, archevêque de Bourges, le curée de la paroisse avait été chargé du service religieux. À la demande de Lina, je siégeais au milieu de la famille, près de Solange, visage fermé, l'air arrogant, de monsieur Maurice qui semblait absent, des fillettes en larmes. Les journalistes de Paris, les éditeurs, occupaient les travées, en marge de la nef envahie par les proches mêlés à des familles de notables et de paysans.

Quoi que j'aie pu dire de madame Solange, je dois convenir qu'elle se conduisit dignement et qu'elle mena la cérémonie de bout en bout avec une louable maestria, ce dont monsieur Maurice ou Lina auraient été incapables. Je laissai quant à moi faire les choses. Durant tout le service funèbre, je ne quittai pas des yeux la bière recouverte de fleurs. J'avais trop pleuré pour avoir encore des larmes. Tout ce que j'éprouvais c'était, en dépit de la chaleur qui régnait dans ce modeste sanctuaire, un froid qui me paralysait, au point qu'il m'était pénible de me lever. J'étais là, fidèle comme un chien et déjà, me semble-t-il, oubliée de tous.

Je m'éclipsai de l'église au moment des condoléances pour m'occuper du repas qui allait suivre, et auquel devaient assister un grand nombre d'invités. J'étais absente de l'enclos funéraire au moment où chacun jeta sur la dépouille de ma maîtresse le brin de laurier que leur tendait madame Solange.

Dans la soirée, les invités repartis, elle me reprocha, avec une mauvaise foi odieuse, de m'être absentée.

– Tu nous as fait un affront ! Ta place était à l'église, pas à la cuisine. Plusieurs personnes, dans l'assistance, en ont été surprises. Quelle mouche t'a piquée ?

– J'ai fait ce que je devais faire. Toutes ces simagrées n'auraient pas plu à madame, vous le savez bien.

– Des simagrées ? Ah ! Ah ! Je reconnais bien là l'hérétique que tu es. Comment oses-tu, toi, la bonniche qui se donne des airs de dame de compagnie, critiquer une cérémonie qu'elle a exigée ?

– Qu'elle a exigée, dites-vous ? Permettez-moi d'en douter, et je ne suis pas la seule. Comment avez-vous manœuvré ? je l'ignore. Vous faites mine d'ignorer tout le mal que l'Église a fait à ma maîtresse, et combien elle, toute chrétienne qu'elle était, la détestait !

Elle se mit à tournoyer dans la pièce, balayant le sol du bas de sa robe noire, le visage convulsé, proclamant qu'elle avait en sa possession un billet de sa mère, un billet qui…

– Vous mentez ! m'écriai-je, hors de moi. Ce billet n'existe que dans votre imagination.

– Je l'ai conservé dans un coffre, à Paris. Mais je suis bien bonne de te répondre. Cela ne te concerne en rien. D'ailleurs, Marie Caillaux, dis-toi que tu as fait ton temps. Dès demain tu quitteras cette maison où tu n'as plus que faire. Je ne veux pas garder sous mon toit une insolente et une impie !

Je maîtrisai ma colère pour lui répondre froidement :

– Je ne partirai que lorsque mon temps sera terminé. C'est la loi. Refuser de l'appliquer vous coûterait cher.

Elle se mit à triturer son mouchoir entre ses mains avant de le jeter sur une chaise.

– Eh bien, nous verrons ! Quoi qu'il en soit, tu peux d'ores et déjà faire ton baluchon...

Quelques jours plus tard, lorsque je racontai cette algarade à monsieur Maurice, il m'écouta d'un air morne, comme si toutes ces contingences n'avaient pas la moindre importance pour lui. À ma grande surprise, il quitta le fauteuil où il était avachi, fumant un cigare, et, posant ses mains sur mes épaules, me dit :

– Rassure-toi, Marie, le maître c'est toujours moi. Ma sœur a beau se donner des grands airs, ça ne trompe personne. Elle va retourner dans son château de Montgivray, et tu resteras parmi nous. Ma mère n'aurait pas supporté que nous nous séparions de toi.

Il m'embrassa avant de poursuivre :

– Veux-tu t'occuper des filles ? Elles commencent à se dissiper et Lina a trop à faire avec la maison pour s'occuper d'elles comme elle le devrait. Je sais que ma mère m'aurait donné son accord.

Soulagée, j'acceptai cette nouvelle mission de préceptrice. Elle débuta dans les jours qui suivirent les obsèques. J'y étais mal préparée, mais, en une semaine, après avoir compulsé quelques manuels, ceux-là même dont monsieur Alexandre s'était servi pour m'apprendre les rudiments de la culture, j'étais en mesure de jouer les maîtresses d'école.

Lolo (dix ans) et Titìtte (huit ans) me causèrent moins de tracas que je ne l'avais redouté.

Elles étaient éveillées, un peu délurées, bavardes comme des pies, curieuses de tout au point de me gêner parfois par leurs questions et boudant lorsque la réponse les décevait. Je leur fis comprendre que je n'étais pas un puits de science et qu'elles ne devaient pas se montrer trop exigentes. Nous finîmes par faire bon ménage.

Un soir, je les surpris en train de faire leur prière, agenouillées au bord de leur lit. Je leur demandai d'où leur venait cette nouvelle habitude. De leur tante Solange, bien sûr ! Elle avait envisagé de les confier à une institution religieuse de La Châtre pour les soustraire à cette maison sans Dieu. Monsieur Maurice et Lina s'y étaient fermement opposés. Elle avait quitté le château en inculquant aux petites cette pratique que madame eût réprouvée.

Lolo nous avoua qu'avant de partir, madame Solange leur avait révélé que la prière était une occasion de parler à leur grand-mère, que, du haut du ciel, elle les entendrait, veillerait sur elles et exaucerait leurs vœux. C'était pour elles plus important que les mathématiques, les sciences et surtout la littérature.

À quelques jours de là, madame Solange débarqua à Nohant en brandissant un exemplaire du *Figaro*. Elle s'écria :

– C'est un scandale ! Maurice, Lina, regardez ce torchon et cherchez le compte rendu des obsèques. Pas en première page, bien sûr, ce serait trop d'honneur. Vous trouverez le résultat des courses à Chantilly, des ragots sur la politique, un accident de chemin de fer en Russie…

Cherchez dans les pages intérieures, où figure l'article sur la mort de notre mère !

– Je ne le vois pas, avoua monsieur Maurice.

– Rien d'étonnant ! Il figure en bas de page, sous les cours de la Bourse, la rubrique mondaine, un défilé de voitures au Bois de Boulogne, avec un titre original : « Obsèques de George Sand ». J'enrage ! Je vais écrire au directeur…

– Ce serait inutile. Cela ne me choque pas. Le *Figaro* est un journal bien-pensant. Notre mère n'y était pas en odeur de sainteté.

– Oh, toi ! fit-elle en haussant les épaules.

Lorsqu'elle se fut retirée, monsieur Maurice dit à Lina :

– Cette sortie nous prouve au moins une chose : que ma sœur aimait et respectait notre mère.

– Sans doute, dit Lina, mais cela témoigne surtout d'une blessure d'orgueil.

Après quelques jours passés dans un état dépressif qui le privait de la moindre réaction, Maurice parut retrouver en lui l'énergie nécessaire pour se dominer et faire face à la situation nouvelle créée par la mort de madame. C'était une illusion : il lui venait parfois des idées saugrenues qui me faisaient douter de sa raison.

Un jour, il me confia, le plus sérieusement du monde :

– Marie, je ne me remettrai jamais de la mort de ma mère. Elle était mon guide. Sans elle, je suis comme un enfant perdu. C'est pourquoi j'ai d'abord pensé à faire raser le château, comme Attila l'a fait de ses chars, après sa défaite, aux champs Catalauniques. Puis j'ai pensé que mieux valait le vendre. C'est ce que je vais faire.

Je fis mine de le prendre au sérieux.

– Où irez-vous loger, monsieur ? À Paris ?

– J'ai mon idée. Je vais me faire montreur de marionnettes. J'irai de ville en ville, je parcourrai le monde.

– Avec votre famille ?

– Elle me suivra dans une roulotte. N'en parle à personne pour le moment, et surtout pas à Lina. Je crains qu'elle ne trouve cette idée absurde. Qu'en dis-tu, toi ?

– Je crois, monsieur, que vous avez fait un rêve, et que vous devez vous hâter de l'oublier…

Il était comme un oiseau perdu qui cherche où se poser et se cogne aux vitres. Incapable de se remettre au travail, impuissant à trouver une idée pour ses pièces et ses personnages de bois, il restait des heures dans le parc, assis sur un banc, son chapeau sur les yeux, fumant cigare sur cigare, rêvant de je ne sais quoi. Il me faisait pitié, mais je ne savais que faire ou dire pour lui redonner confiance en lui.

Il resta ainsi un bon mois, à nager entre deux eaux. Un soir, au cours d'une partie de cochonnet, il me dit son intention de prendre des vacances.

– Nous allons partir pour Les Sables-d'Olonne et profiter des derniers beaux jours. J'ai retenu une villa sur l'océan. À toi de jouer…

– C'est une bonne résolution. Cela vous changera les idées. Les filles seront ravies. Elles adorent jouer sur le sable. À vous, monsieur…

Ce fut le premier d'une série de voyages qui allaient prendre des années : Les Sables-d'Olonne, Chantilly, Saint-Cloud, Cabourg, Paris le plus souvent… Monsieur Maurice nous revenait transformé, ayant laissé aux ronces du chemin sa défroque de fils affligé.

Après avoir vendu l'appartement de sa mère, il avait trouvé acquéreur pour Palaiseau : une dame respectueuse de la mémoire de George Sand au point de donner son nom à la villa et d'y faire apposer une plaque commémorative.

Cette manie ambulatoire se révéla bénéfique pour monsieur Maurice, à tous points de vue. Hormis quelques crises de rhumatismes et de névralgie, il était d'une santé insolente : discrètement empâté, le visage plein et rose sous ses moustaches, mais l'allure un peu mollassonne que je lui ai toujours connue. Les filles complétaient au collège des études jusqu'alors empiriques et ne donnaient aucune inquiétude quant à leur santé. Lina avait pris un tour de taille généreux et s'en affligeait.

Au début des années quatre-vingt, alors que je m'acheminais vers la cinquantaine sans trop en pâtir, le chemin de ma vie faillit dévier.

Au cours d'une foire à Saint-Chartier, où je m'étais rendue avec le char-à-banc, j'avais rencontré un meunier de la Vauvre, qui, ayant perdu sa femme depuis peu, vivait seul avec ses deux fils.

Cet homme bâti comme un baliveau, barbu comme un bouc, taciturne mais « bonne pâte » à ce qu'on disait, avait mon âge à quelques mois près.

Nous dînions l'un et l'autre, séparés par une tablée, à l'auberge proche du château. Au début du repas, j'avais bien remarqué de sa part une attention soutenue. Après la tarte aux pommes, il s'avança vers moi et me demanda de s'asseoir à ma table, ce que je ne pus lui refuser, pas plus que le café et la goutte qu'il se proposa de m'offrir. Il resta un moment figé dans son silence en faisant tourner sa tasse entre ses doigts épais dont les ongles portaient un liseré de farine jaune.

Germain Blanchet n'était pas homme à s'embarrasser de préliminaires oiseux et à faire de longs discours pour exprimer des idées sommaires. En quelques phrases lapidaires, je savais tout de lui et de ses intentions à mon égard : son travail au moulin, sa fortune qui n'était pas mince, sa famille réduite à sa plus simple expression. Il souhaitait faire de moi sa femme ou sa compagne. Il connaissait ma condition de célibataire. Nous étions faits, selon lui, pour nous entendre.

J'en restai médusée, incapable de lui donner sur-le-champ la réponse qu'il attendait, ce qui eût été hasardeux : je ne connaissais de lui, somme toute, que ce qu'il avait bien voulu m'en dire. Il ne me déplaisait pas, malgré son allure d'ours mal léché qui le faisait ressembler à notre « mastodonte », Charles Marchal, et à cause de sa bonne tête de meunier qui respirait la probité, son regard qui suintait de tendresse.

– Réfléchissez, mademoiselle Marie, me dit-il avec son rude accent du Boischaut. Rien ne presse. Je vous propose pas le Pérou, vous devez vous en douter, mais vous seriez pas malheureuse avec moi et mes fils, bons garçons honnêtes et travailleurs.

Il me proposa de faire un crochet par son moulin, sur le chemin du retour. Il m'était difficile de refuser cette invitation. Malgré ma protestation, il tint à régler ma note d'auberge, qui n'était pas ruineuse, et à me présenter ses fils, qui l'attendaient à la table voisine. Ils me saluèrent gauchement, sans se lever, aussi lourds et taciturnes que lui.

Ma décision fut prise lorsque, parvenue au moulin, je descendis de mon char-à-banc…

C'était une ruine comparable à celle du château de Sarzay. Le lierre qui avait envahi les murs cachait mal les lézardes. Envahis par une végétation sauvage, les alentours ne laissaient libre que la place nécessaire au passage des muletiers. L'intérieur était à l'avenant : un taudis aux murs plâtreux saupoudrés d'une farine grisâtre, des planchers mal rafistolés, un mobilier sommaire et vétuste, et, en guise de lits, des grabats posés à même le sol…

Je dis, en ravalant ma déception :

– L'endroit est agréable, monsieur Blanchet. On y respire le bon air.

C'est tout ce que je pus lui confier. Ce que j'aurais dû ajouter me resta dans la gorge. Je refusai le verre de vin qu'il me proposait et remontai dans mon char-à-banc.

– Je vous donnerai ma réponse d'ici peu, lui dis-je. Bien le bonjour pour vous et vos fils.

Je ne donnai pas à Germain Blanchet la réponse qu'il attendait et n'étais pas fière de cette négligence, en me disant que ce pauvre homme devait me chercher sur les marchés et les foires ou attendre ma visite. Tout bien pesé – et la pesée ne dura guère ! – je n'avais rien à gagner et tout à perdre en acceptant d'être femme de meunier.

J'aurais englouti mes économies à rendre habitable cette bicoque, qui ne l'aurait jamais été de toutes manières. Je ne me voyais pas vivre au milieu de ces sauvages des Amériques.

Je ne devais revoir Germain Blanchet que quelques mois plus tard, durant un concours de maîtres sonneurs, dans la cour du château de Saint-Chartier. Il était précédé d'une matrone sale comme un peigne, dépenaillée, et qui paraissait le tenir en laisse comme un ours apprivoisé.

Je viens d'avoir soixante ans. On se plaît à dire que « je ne fais pas mon âge ». Le fait est que je suis encore robuste, la maladie m'ayant épargnée. J'ai perdu de mon énergie, mais sans rechigner aux tâches les plus ingrates.

Deux fois par semaine, je me rends dans le petit enclos funéraire. Madame y repose sous les ifs, à côté de Marc-Antoine, de Jeanne, et des ancêtres d'une lignée qui, en ce lieu, s'ouvre avec Marie-Aurore de Saxe, comtesse de Horn, veuve Dupin de Francueil, décédée en 1821. Je dépose un petit bouquet ou une simple fleur sur chacune de ces sépultures, sans m'attarder.

Je croise là, le dimanche surtout, des gens venus des environs rendre hommage à la « bonne dame » et prier pour le salut éternel de cette grande agnostique. Parfois on m'interroge sur les conditions de sa mort ou sur les passions qui ont agité sa vie. Je prends plaisir à répondre, en m'efforçant de ne pas trahir de secrets.

Je n'ai pas à me plaindre de ma condition. Madame partie pour un autre monde, j'ai vécu des temps difficiles, désemparée, comme si la meilleure partie de mon humble personne l'avait accompagnée. À trop jouir d'une présence, on plonge, le moment venu de se séparer, dans une vacuité suicidaire. C'est ce qu'a éprouvé monsieur Maurice. C'est ce que j'ai ressenti dans les jours, les semaines, les mois, qui ont suivi la mort de madame. Elle était absente et présente à la fois. Je me surprenais souvent à lui parler, comme jadis sur un banc du parc. Cela faisait sourire Lina et hausser les épaules de monsieur Maurice que je soupçonne d'avoir cédé à la même manie. Je me suis reprise plus vite que lui mais sans guérir jamais de cette blessure. Je me traîne dans la vie comme une âme en souffrance, en me demandant ce que j'y fais encore.

Les filles placées au collège, ma situation s'est peu à peu dégradée. À plusieurs reprises, me sentant inutile, j'ai proposé à monsieur Maurice de rendre mon tablier.

– Vieille folle ! Quitter Nohant ? Tu plaisantes, j'espère. Tu ne te plais plus chez nous ?

– Je m'y sens inutile.

– Inutile, toi ? Tu n'arrêtes pas de travailler, alors qu'on ne t'en demande pas tant. Qu'est-ce que cette nouvelle lubie de t'occuper du poulailler, comme au temps où on t'appelait la « Marie-aux-poules » ? Repose-toi et fiche-moi la paix avec tes idées de départ.

Un jour, alors que nous regardions le soir tomber sur le parc en fumant une dernière cigarette, monsieur m'a dit :

– Marie, une idée m'est venue. De tous les gens que nous connaissons, tu es celle qui a le plus longtemps et le mieux connu ma mère. Mieux même que moi, je l'avoue.

Tu es en quelque sorte la mémoire vivante de sa vie. Il faut l'écrire.

– Écrire quoi, monsieur ?

– Ne fais pas l'idiote. Tu sais très bien ce que j'attends de toi : que tu racontes la vie de ma mère. Pas une hagiographie ! elle aurait détesté ça. J'entends que tu parles des personnages, des petits et des grands événements qui l'ont marquée. Je suis persuadé qu'encore vivante, elle aurait agréé ma proposition. Il n'y a que toi, d'ailleurs, qui puisses faire ce travail. Je suis persuadé que tu y trouveras un plaisir rétrospectif.

Je le laissai parler. Cette idée me parut d'abord absurde mais, peu à peu, était-ce notre intimité, la douceur du soir, le ton persuasif dont il usait pour me convaincre ? je sentais mes préventions se dissiper.

– Il va sans dire, ajouta-t-il, que tu pourras prendre tout le temps nécessaire, t'installer dans le bureau de ma mère, utiliser les huit mille ouvrages de sa bibliothèque, mais ils te seront moins utiles que les documents de sa main, ses agendas, son journal, sa correspondance même. Nous te faisons confiance pour utiliser au mieux tous ces matériaux, avec la discrétion que nous te connaissons.

Il tapota ma cuisse avec sa main et ajouta en riant :

– Ma chérie, te voilà promue écrivain !

Je me sentais, en achevant ma cigarette, comme une infirme face à une montagne à gravir. À vrai dire, sans m'en ouvrir à personne, j'avais déjà tenu une sorte de journal fait de pièces mal reliées entre elles, avec beaucoup de blancs, que j'avais interrompu après la mort de madame. Il serait mon fil d'Ariane pour m'y retrouver dans la vie foisonnante partagée avec ma maîtresse. Je devrais m'astreindre à maîtriser mes élans : émotions, passions, enthousiasmes, colères, car c'est de madame qu'il faudrait que je parle, et non de moi, qui ne fus que son ombre et qui, sans elle, ne suis plus rien.

Je refusai l'augmentation de gages que me proposait monsieur Maurice, sous prétexte que le travail qu'il me demandait sortait de l'ordinaire. Le couple tirait toujours le diable par la queue…

Lina me rapporta la dispute qui l'avait opposé à sa sœur lorsqu'il lui avait révélé cette initiative. Madame Solange s'était écriée en frappant la table de la cuisine avec son éventail :

– Tu es fou ! Confier à cette maritorne nos papiers de famille, tu n'y penses pas sérieusement ? Eh bien, moi, je m'y oppose ! Dieu sait les horreurs qu'elle risque de raconter sur nous…

– Sur toi, peut-être, mais reconnais que ta vie et son caractère s'y prêtent ! Pour ce qui nous concerne, nous, sa véritable famille, je ne redoute rien. D'ailleurs, que pourrait-elle écrire dont nous aurions à rougir ? Je souhaite qu'elle soit fidèle à la vérité, sinon ce travail n'aurait pas lieu d'être. J'y veillerai…

Monsieur Maurice pénétrait de temps à autre dans le bureau de madame où je m'étais installée à sa demande. Il feuilletait mes dernières pages, debout près de la fenêtre, manifestait ses réactions par de petits grognements difficiles à interpréter, me proposait des corrections portant sur la syntaxe plus que sur la véracité des événements.

Il vint de moins en moins souvent, appelé à Paris par des affaires d'édition ou de théâtre, puis plus du tout. Il me demandait simplement si « ça avançait ». Ça galopait ! En moins d'un an, j'avais achevé mon travail.

Il me restait une autre tâche à accomplir : un devoir de fidélité envers ma maîtresse, auquel elle eût été sensible. La « vérité » exprimée dans mon travail avait été biseautée par la surveillance que monsieur Maurice avait exercée sur elle. Il me restait, puisque j'en avais le temps, la force et le désir de plonger plus profond, par un autre ouvrage, dans le souvenir de mes rapports avec madame, en m'efforçant de leur restituer toute leur vérité. C'était, dira-t-on, beaucoup de prétention de la part d'une domestique élue dame de compagnie, une trahison envers mes bienfaiteurs, mais j'avais la conviction, en faisant office de repoussoir, de continuer à bien servir celle à qui j'avais consacré ma vie.

Ce qu'il adviendra de ce texte, Dieu seul le sait…

Au bonheur que me procurait ce travail d'écriture quotidien s'ajoutait une satisfaction : notre maison avait retrouvé son équilibre.

La vie à Nohant suivait un cours paisible, sans aléas dignes d'être mentionnés. Les relations parisiennes ou berrichonnes du couple animaient le château. Ce n'étaient plus les spectacles de monsieur Maurice, les fêtes ruineuses et endiablées, les récitals de madame. On ne voyait plus paraître à ces réunions des sommités de la littérature et des arts, mais l'amitié s'y donnait libre cours sans flonflons.

Je ne passais pas des journées entières à écrire. D'ailleurs, j'en eusse été incapable.

J'interrompais mon travail pour aider Lina, qui s'épuisait à tenir les rênes de sa maison. Je ne répugnais pas aux tâches triviales qui m'étaient nécessaires pour ne pas oublier ma vocation initiale de servante, qui m'avait laissé beaucoup de souvenirs agréables. J'aidais à la cuisine, au poulailler, au clapier, au potager… Ces exutoires m'étaient nécessaires pour me sentir pleinement moi-même jusqu'à la fin de mes jours. Je quittais sans regret la robe de chambre de l'écrivain pour la défroque de la « Marie-aux-Poules ».

Un matin, à l'aube, à quelques semaines du décès de madame, j'avais été réveillée en sursaut par un bruit anormal venant du parc. On eût dit une canonnade, comme celles que, jadis, monsieur Maurice tirait de son canon miniature pour saluer d'heureux événements.

Ma fenêtre ouverte, j'avais plaqué mes mains sur mon visage en gémissant : un groupe d'hommes en bras de chemise venaient de s'attaquer à quelques arbres du parc. Monsieur Maurice passait de l'un à l'autre en fumant un cigare, les pouces passés dans son gilet, en donnant des ordres.

Mon premier réflexe avait été d'aller prévenir Lina et lui demander si elle était au courant de l'événement. Elle venait elle-même d'être réveillée et se tenait à sa fenêtre, interloquée, gémissant :

– Mon Dieu... Que fait-il ? Il est devenu fou ! Il faut arrêter ce massacre...

En robe de chambre, nous nous étions précipitées dans le parc où, après avoir mis bas quelques arbres de taille moyenne, les bûcherons crachaient dans leurs mains et s'apprêtaient à escalader, pour les ébrancher, les ramures des deux cèdres qui avaient l'âge de madame Solange et de monsieur Maurice.

Madame s'était ruée sur eux en leur criant d'arrêter, puis, furieuse, s'était retournée contre son époux.

– Mon pauvre ami, tu as perdu la tête. Tu as donc décidé de faire un désert de notre parc ? À quoi rime cette nouvelle lubie ? Pourquoi ne pas m'en avoir parlé ? Eh bien, réponds !

Il avait bredouillé, expliquant que ces arbres, que sa mère avait aimés, devaient l'accompagner dans sa mort. Lisa s'était pris sa tête à deux mains, en s'écriant :

– Tu déraisonnes ! Nous ne sommes pas aux Indes. Tant qu'à faire, pourquoi ne pas avoir demandé à ta famille, à tes serviteurs, de périr sur le bûcher ? C'est d'ailleurs peut-être ce que tu comptais faire. Hein ? Réponds, nom de Dieu !

Tête basse, monsieur Maurice avait écrasé son cigare sous son pied puis, après un long silence, avait renvoyé les bûcherons, avant de répondre :

– Ne te fâche pas, ma chérie. Je me suis souvenu d'un vers de José Maria de Heredia : « *Les chênes qu'on abat pour le bûcher d'Hercule...* »

Ouvrages de Michel Peyramaure (suite)

Les Dames de Marsanges :
1. *Les Dames de Marsanges*, Laffont.
2. *La Montagne terrible*, Laffont.
3. *Demain après l'orage*, Laffont.

Napoléon :
1. *L'Étoile Bonaparte*, Laffont.
2. *L'Aigle et la Foudre*, Laffont.

Les Flammes du Paradis, Laffont ; Presses Pocket et France-Loisirs.
Les Tambours sauvages, Presses de la Cité, France-Loisirs et Presses Pocket.
Le Beau Monde, Laffont ; Presses Pocket et France-Loisirs.
Pacifique-Sud, Presses de la Cité, France-Loisirs et Presses Pocket.
Les Demoiselles des écoles, Laffont ; Presses Pocket et France-Loisirs.
Martial Chabannes gardien des ruines, Laffont, prix du Printemps du livre de Montaigu ; France-Loisirs.
Louisiana, Presses de la Cité, France-Loisirs et Presses Pocket.
Un monde à sauver, Bartillat, prix Jules-Sandeau.

Henri IV :
1. *L'Enfant roi de Navarre*, Laffont.
2. *Ralliez-vous à mon panache blanc !*, Laffont.
3. *Les Amours, les passions et la gloire*, Laffont.

Lavalette grenadier d'Égypte, Laffont ; France-Loisirs.
La Tour des Anges, France-Loisirs ; Laffont.

Suzanne Valadon :
1. *Les Escaliers de Montmartre*, Laffont ; Grand Livre du Mois.
2. *Le Temps des ivresses*, Laffont ; Grand Livre du Mois.

Jeanne d'Arc :
1. *Et Dieu donnera la victoire*, Laffont.
2. *La Couronne de feu*, Laffont.

Les Chiens sauvages, Laffont.
Vu du clocher, Bartillat.
La Cabane aux fées, Le Rocher.
Soupes d'orties (nouvelles), Anne Carrière, Livre de Poche.

Le Roman des Croisades :
1. *La Croix et le Royaume*, Laffont.
2. *Les Étendards du Temple*, Laffont, France-Loisirs, Presses-Pocket.

Le Roman de Catherine de Médicis, Presses de la Cité.
La Divine : le roman de Sarah Bernhardt, Laffont, France-Loisirs.
Le Bonheur des Charmettes, La Table Ronde.
Fille de la colère : le roman de Louise Michel, Laffont.
Un château rose en Corrèze, Presses de la Cité.

Les Grandes Falaises, Presses de la Cité.
Les Bals de Versailles, Laffont.
La Vallée endormie, France-Loisirs.
De granit et de schiste (nouvelles), Anne Carrière.

POUR LA JEUNESSE

La Vallée des mammouths, Grand Prix des Treize, Laffont, collection « Plein Vent » ; Folio-Junior.
Les Colosses de Carthage, Laffont, collection « Plein Vent ».
Cordillère interdite, Laffont, collection « Plein Vent ».
Nous irons décrocher les nuages, Laffont, collection « Plein Vent ».
Je suis Napoléon Bonaparte, Belfond Jeunesse.

ÉDITIONS DE LUXE

Amour du Limousin (illustrations de J.-B. Valadié), Plaisir du Livre, Paris. Réédition (1986), Éditions Fanlac, Périgueux.
Èves du monde (illustrations de J.-B. Valadié), Art Média.
Valadié (album), Terre des Arts.

TOURISME

Le Limousin, Larousse.
La Corrèze, Ch. Bonneton.
Le Limousin, Ouest-France.
Brive (commentaire sur des gravures de Pierre Courtois), R. Moreau, Brive.
La Vie en Limousin (texte pour des photos de Pierre Batillot), Les Monédières.
Balade en Corrèze (photos de Sylvain Marchou), Les Trois Épis, Brive.
Brive, Casterman.
Les Montagnes du jour (préface de Daniel Borzeix), Les Monédières.
Sentiers du Limousin, Fayard.
Le Pays cathare en aquarelles, Ouest-France.

CET OUVRAGE A ÉTÉ ACHEVÉ D'IMPRIMER
SUR ROTO-PAGE PAR L'IMPRIMERIE FLOCH
À MAYENNE POUR LE COMPTE DES ÉDITIONS
DE LA TABLE RONDE EN AVRIL 2004.

Dépôt légal : mai 2004.
N° d'édition : 3762.
N° d'impression : 59853.
Imprimé en France.